현대 금융범죄 해부

황석진

박영사

머리말

　금융(金融)은 자금을 융통하고 조달하는 것이라고 말할 수 있다. 범죄(犯罪)는 법에 의해 보호되는 이익인 법익(法益)을 침해하고, 사회의 안전과 질서를 문란하게 만드는 반사회적 행위 중 이를 처벌하기 위해 법에 규정되어 있는 행위를 말한다.

　현대사회는 IT를 기반으로 한 핀테크, AI, 블록체인, 4차 산업, 가상자산, 메타버스, NFT 등 디지털 신기술과 금융이 융합하여 편리한 금융생활을 영위할 수 있다. 그러나 이런 금융생활 이면에는 또 다른 첨단범죄가 발생하고 있는데 이런 금융생활과 관련된 범죄를 금융범죄라고 할 수 있다.

　우리나라에 금융이라는 공공재적 성격의 편리한 제도가 도입된 이후 관련 금융범죄가 지속적으로 발생하고 있다. 금융범죄의 근본적인 원인을 분석하고 대응 방안을 찾는 일은 건전하고 투명한 금융 시스템을 더욱 견고하게 하는 일이다.

　과거 금융기관의 온라인 시스템이 구축되기 전에는 수기통장 위조와 유가증권 위조범죄가 다수였으나 지금은 스마트폰 보급과 더불어 개인정보를 탈취하여 금원을 편취하는 사례가 꾸준히 발생하고 있다. 하루가 다르게 진화하는 금융범죄에 대하여 필자가 현장에서 경험한 내용과 학습한 내용을 기본으로 본 서적을 집필하였다.

　디지털 신기술과 금융범죄는 서로 연관이 있다. 금융범죄의 중심에 있는 자금세탁범죄의 경우 과거에는 송금, 이체 등의 방법을 통하여 불법행위로 편취한 자금의 출처를 은닉하였으나 현재는 디지털 자산(가상자산)이 등장하여 자금세탁의 도구로 이용되는 경우가 다수 발생하고 있다. 자금세탁범죄도 점차 디지털 금융범죄로 진화하고 있는 셈이다.

새로운 디지털 기술, 블록체인 등의 등장으로 금융산업은 핀테크를 넘어 빅테크, 디지털 금융의 시대로 전환되었으나 그 이면에서 디지털 금융범죄도 꾸준하게 발생 및 진화하고 있다.

금융기관에서 Risk Manager로 30여 년을 근무하였고 경찰수사연수원, 경찰인재개발원, 경찰대학, 해경교육원, 국방부 조사본부 등의 관공서 및 수많은 대학과 대학원에서 금융범죄의 심각성과 대응 방안에 대하여 강의하였다. 금번 집필을 통하여 금융범죄가 근절되기를 기원한다.

또한 금융범죄 근절을 위해 노력하시는 모든 분들께 다시 한번 감사의 인사를 드린다.

2025년 5월
저자 황석진

목차

제6장

보험범죄

제7장

신용카드범죄

제 / 1 / 장

금융범죄

제1장

금융범죄

1. 개념

금융(金融)이란 '자금을 융통 내지 조달하는 것'을 말한다. 즉 장래의 원금의 반환과 이자지급을 목적으로 상대방을 신뢰하고 자금을 융통하여 경제주체들 간에 이루어지는 자금의 유통이라고 할 수 있다.

금융거래는 "금융회사 등이 금융자산을 수입(受入)·매매·환매·중개·할인·발행·상환·환급·수탁·등록·교환하거나 그 이자, 할인액 또는 배당을 지급하는 것과 이를 대행하는 것 또는 그 밖에 금융자산을 대상으로 하는 거래로서 총리령으로 정하는 것"을 말한다."[1] 금융기관은 이런 공급자와 수요자를 연결시켜 주는 중개자의 역할을 하는 자(기관)라고 할 수 있다.[2]

그리고 금융 관련 법률은 크게 금융규제법과 금융거래법으로 나눌 수 있다. 금융규제법에는 대표적으로 「은행법」,[3] 「자본시장과 금융투자

---

[1] 금융실명거래 및 비밀보장에 관한 법률 제2조 제3항.

[2] 고동원, 금융규제법 개론, 박영사, 2019, 13면.

[3] [법률 제16190호] 은행의 건전한 운영을 도모하고 자금중개기능의 효율성을 높이며 예금자를 보호하고 신용질서를 유지함으로써 금융시장의 안정과 국민경제의 발전에 이바지할

업에 관한 법률」, 「보험업법」, 「여신전문금융업법」, 「유사수신행위의 규제에 관한 법률」 등이 있고 금융기본법은 「전자금융거래법」, 「금융실명거래 및 비밀보장에 관한 법률」, 「예금거래법」, 「대출거래법」, 「전자금융거래법」, 「증권발행거래법」, 「신탁거래법」, 「파생상품거래법」, 「자산유동화거래법」 등이 있다.

금융범죄는 금융, 금융기관, 금융거래, 금융상품과 관련된 모든 범죄 현상이라고 할 수 있다. 금융거래 주체 상호간의 신용 및 신뢰와 금융거래의 안전을 침해하고 금융거래 안전성 및 국민경제 질서를 위해(危害)하는 범죄이다.

금융범죄는 금융과 금융거래, 금융상품과 밀접한 관계가 있다고 할 수 있는데 일반적으로 재산상의 손실을 입혀서 성립하는 범죄인 재산범죄, 경제범죄에 금융기관의 상품이나 금융거래 등이 결합하여 발생하는 범죄라고 할 수 있다.

재산범죄는 주로 재산적인 법익을 침해하여 재산상의 손실을 입혀서 성립하는 범죄로서 대표적인 범죄로는 절도죄, 사기죄, 배임죄, 손괴의 죄 등이 있고, 재산이라 함은 재화와 자산을 통틀어 이르는 말로 개인, 단체, 국가가 소유하는 토지, 가구, 가옥, 귀금속, 금전 등의 금전적 가치가 있는 것을 모두 포함한다.

경제범죄는 경제윤리에 반하여 경제질서를 해하고 국민경제의 발전을 저해하는 범죄로 재산범죄의 사기죄, 배임죄, 횡령죄, 공갈죄 등과 재산국외도피의 죄, 증재 등의 죄, 알선수재의 죄, 사금융알선 등의 죄를 포함하여 경제범죄라고 한다.

상기 범죄는 모두 타인 재산상의 손실이나 재산적인 법익을 침해하여 발생하는 행위 태양은 같다고 할 것이다.

목적으로 제정됨.

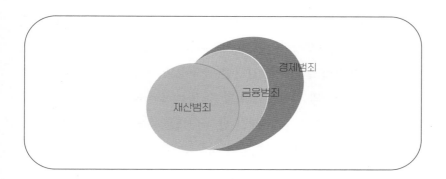

재산범죄 / 금융범죄 / 경제범죄

2. 변천

우리나라는 Covid-19를 거치면서 언택트가 익숙해졌고, 이에 따라 금융도 비대면에 적합한 환경을 구축하여 금융소비자의 편리성을 한층 더 제고하는 기회가 되었다. 그러나 이러한 금융의 편리성이 피해자를 양산시키는 도구로 악용되는 이면이 존재한다.

전자금융 및 금융IT 관련 사고는 이용수단의 변화에 따라 그 대상과 방법이 변화하고 있다. 1990년대에는 텔레뱅킹 사고가 주로 발생하였으며, 2000년대 초반으로 와서는 PC가 가정 내로 보급되며 PC뱅킹 사고가 많이 발생했다.

2003년 말부터 2004년 초에는 신용카드, 현금카드 복제사고가 집중적으로 발생했으며, 2005년도에는 인터넷 뱅킹, 해킹, 피싱 등의 사고가 집중적으로 발생했다. 2007년도는 CD/ATM을 이용한 카드 복제사고와 해킹사고가 지속적으로 발생했고, 이용자의 심리를 이용한 세금환급, 자녀납치 등의 전화금융 사기를 통하여 선의의 피해자가 재산 피해를 입는 사고가 발생했다.

2008년부터는 DDoS(Distributed Denial of Service) 공격으로 일반 가정 뿐 아니라 금융회사까지 광범위한 피해를 입었다.[4] 이와 같이 금융범죄의 유형 변화를 살펴보면, 간단한 금융정보 수집을 통하여 인증 절차만 완료하면 시민의 재산을 탈취할 수 있는 공격들을 일삼았으며, 사고가 발생하고 금융기관 등이 재발 방지 대책을 수립하여 사고 보호 대책이 수립되면 다른 대상으로 이동한 것을 알 수 있다.

2010년대부터는 전화금융사기(보이스피싱)가 본격적으로 발생하였다. 전화금융사기 범죄는 특정 개인이 단독으로 범행을 저지르는 것이 아닌 조직적인 범죄로 확대되었으며, 범행 시나리오를 기획하는 팀과 정보 수집팀, 대포통장이나 대포폰 구매팀, 자금이체 실행팀, 자금인출팀 등으로 구분되어 있다.[5] 2020년대부터는 가상자산을 이용한 범죄, 보이스피싱 피해가 꾸준히 증가하고 있다.

1) 1990년대 후반 ~ 2000년대 초반

우리나라는 1997년에 IMF 사태를 맞았다. 대한민국의 IMF 구제금융 요청(1997년 12월 3일~2001년 8월 23일)은 국가부도 위기에 처한 대한민국이 IMF으로부터 자금을 지원받는 양해각서를 체결한 사건이다.[6] 당시 우리나라는 IMF 사태로 국내 유명 기업을 포함한 은행, 증권업을 영위하는 기업들까지 부도가 났으며, 1998년에는 실업자수가 130만 명 이상의 고실업 시대에 접어드는 등 한국경제는 다시 회복할 수 없을 것 같은 처

---

4 김동민, (2020.05.), 접근매체를 이용하는 전자금융사기의 범위에 관한 소고, 충남대학교 법학연구소, 45p.

5 정웅, (2020.09.), 보이스피싱 범죄추세와 수사 대응체제의 발전방향, 한국공안행정학회 제29권 4호, 461p.

6 Wikipedia, "대한민국의 IMF 구제금융 요청", http://ko.wikipedia.org(검색일: 2023.08.27.).

참한 상황이었다. 금융범죄자들은 이러한 상황을 악용하여 일반 시민들을 상대로 금융범죄를 저질렀다.

(1) 금융업무와 관련된 금융범죄

가. 대출사기

금융회사는 대출 신청 고객이 대출 요건에 부합하는지 심사를 통하여 최종 대출 여부를 결정하나, 대출 신청 고객이 신청 서류를 허위로 꾸며서 서류를 제출하여 금융회사로부터 대출금액을 받는 것이다.

국내에서 가장 큰 사건으로는 한보사태(1997)로 당시 국내 재계 14위인 한보그룹이 1997년 5조 이상의 부채를 남기고 부도를 낸 사건이다. 한보그룹은 한보철강을 설립한 뒤 1990년부터 당진제철소를 건립 추진하였으며, 당진제철소를 지을 자금이 필요했던 한보그룹 회장 정태수는 정계 인사들에게 금품을 제공하여 금융기관으로부터 5조 이상의 규모의 불법 대출을 받았다. 당시 철강산업이 국가기간산업이라는 명목하에 사업 타당성에 대한 합리적 분석 없이 막대한 자금을 쏟아붓게 한 관치금융의 문제점을 여실히 드러낸 사건으로 평가받는다.[7]

나. 신용카드 범죄

신용카드로 가짜 매출전표를 만들어 조성한 현금을 선이자를 떼고 빌려주는 불법할인대출(속칭 카드깡)이 대표적이다. 이외에 매출전표 양도·양수, 매출대금 이중청구 등의 수법이 있고 최근에는 신용카드를 발급받을 수 있는 채널이 다양하여 개인정보를 도용한 신용카드 부정 발급 및 카드론 고액대출 등의 범죄가 발생한다.

---

7   양채열, 신영직, 우리나라 금융사건사고의 역사와 교훈: 금융규제와 금융윤리의 관점에서, 재무관리연구, 2022.10.31.

(2) 불법적인 금융시장과 관련된 금융범죄

가. 유사수신

「유사수신행위의 규제에 관한 법률」에 따르면, 유사수신은 장래에 출자금 보존을 약속하고, 이를 초과하는 금액을 지급할 것을 약정한다고 명시되어 있다. 1997년 사상 초유의 IMF 사태가 발생하면서 우리나라는 경기침체 국면에 접어들었으며, 국내 금융권의 정기예금 금리가 6%가 되지 않는 저금리 시대를 맞닥뜨렸다.

이러한 상황을 악용하여 시중에서는 고금리를 약속하는 유사 금융업체들이 다수 발생하였으며, 일반적으로 OO투자금융, OO인베스트 컨설팅 등의 상호를 사용하고 있는 불법 업체들이 기승하였다. 이들 업체는 고객으로부터 돈을 빌리거나 투자자를 모집하는 방식으로 자금을 모으고 이러한 자금을 이용하여 어음할인을 해 주거나 주식, 부동산 등에 투자하여 최종적으로 남게 되는 이윤에서 자신들의 수수료를 공제하고 금융소비자에게 돌려주는 형식을 취했다.[8]

이같은 영업행위는 금융 당국으로부터 인가를 받지 않은 불법행위였으며, 이후에는 금융소비자에게 약속한 금전을 지급하지 않고 사라지는 등 금융신뢰에 심각한 악영향을 미쳤다.

대표적으로는 삼부파이낸스 사건(1999년)이 있는데, 당시 삼부파이낸스의 회장 양재혁은 IMF 사태 이후 부산 지역의 금융 공백기를 틈타 연 25%의 고수익을 약속하고 다단계 방식을 통하여 자금을 확보한 후, 고객의 투자금액을 횡령하고 회산을 도산시켰다.

---

8 도중원, 2002, 금융사기범죄에 관한 연구: 특히 유사금융사기범죄를 중심으로, 한국형사정책연구원, 25p.

삼부파이낸스는 표면적으로 기업금융, 영화부동산 분야 등에 활발한 투자를 하며 고수익을 창출하는 회사로 알려졌으나, 실제로는 신규 유치 고객의 투자자금을 기존 투자자들에게 배당하여 운영하는 전형적인 폰지(Ponzi)방식으로 운영되는 회사였다. 또한, 양 회장은 거액의 투자원금을 빼돌려 자신의 비자금으로 사용 및 축적하였으나, 검찰의 수사 사실을 알게 된 투자자들이 투자금을 인출하면서 삼부파이낸스는 도산하게 되었다.

당시 피해 규모는 투자자 6,000명, 피해 금액 약 2,280억 원으로 알려져 있으며, 이후 사태의 여파가 부산 지역 전체 유사수신업체로 확산하면서 총 3만 명, 1조 6,000억 원에 달하는 피해를 입힌 대형 금융사건으로 이어졌다.[9]

(3) 증권을 이용한 금융범죄

증권은 양질의 자본조달을 가능케 하는 수단으로 인정되고 있으며, 우리 사회에서 그 중요성 및 역할이 크다고 할 수 있다. 이러한 증권과 관련된 범죄를 증권범죄로 칭할 수 있는데 이 중 시세조정 행위, 회사의 미공개 정보를 이용한 거래, 내부자거래 행위 등은 자본시장법에서 엄격하게 제한하고 있으며, 위반하는 경우에는 형사적인 책임을 물어야 한다.

2001년, G&G 그룹의 회장 이○○는 삼애인더스로 대표되는 자신의 계열사의 전환사채 680억 원을 횡령하고, 보물선 인양사업 등 미공개정보를 이용하여 주가를 조작하여 약 250억 원을 챙긴 혐의로 검찰 수사를 받았다. 그러나 검찰이 이○○를 불기소처분하면서 해당 사건에 금융권 및 정계의 핵심적인 권력을 가지고 있는 인사들이 연루되었다는 의혹

---

9 연합뉴스(2012.8.20.) 기사 참조.

이 제기되었다.

결국 '특별감찰본부'(특검)를 창설하여 관련된 핵심적인 인물들을 구속시켰으나, 불법적인 금융거래에 대한 관리 감독 책임이 있는 정부 부처들의 직무 유기는 금융시장에 대한 신뢰를 하락시켰고, 정치권에 대한 불신과 혐오를 확산하게 되었다.[10]

2) 2000년대 중후반

2000년대 중후반의 IT기술은 혁신적이고 급격한 발전을 이루었다. 인터넷과 웹 기술이 크게 발전하였으며, 웹2.0 개념이 등장하면서 사용자들이 콘텐츠를 생성하고 공유하는 활동이 확대되었고, 소셜 미디어, 블로그, 위키 등의 사용자 참여 플랫폼들이 등장하였다. 또한 스마트폰의 등장으로 모바일 기술이 급속도로 발전하였으며, 애플의 아이폰과 구글의 안드로이드 운영체제가 등장하면서 모바일 앱 생태계가 형성되었다.

이에 반해, 2008년 서브프라임 모기지 사건으로 미국의 부동산 시장의 붕괴와 금융기관들의 파산으로 전 세계적인 금융 시스템의 붕괴가 일어났다. 우리나라 또한 금융시장의 불안정성이 높아졌으며, 금융 기관들의 자금 부족과 외부 리스크로 인해 금융 시스템에 대한 불신이 증가했다.

국내에서는 이러한 금융환경과 IT기술의 영향이 맞물려 보이스피싱 피해가 발생하기 시작하였으며, 투자 사기, 비대면 신용카드 범죄, 유사수신 등의 금융범죄가 지속적으로 발생했다.

---

10 양채열, 신영직, (2022.10.31.), 우리나라 금융사건사고의 역사와 교훈: 금융규제와 금융윤리의 관점에서, 재무관리연구, 11p.

(1) 금융업무와 관련된 금융범죄

가. 신용카드 범죄

통신판매 위장은 신용카드 없이 카드번호와 비밀번호만으로 전화·인터넷을 통한 신용구매 또는 지급이 가능한 점을 악용하는 수법으로 가짜 통신판매업체를 만들어 국내에서 수집한 신용카드 회원정보를 해외로 보내 물품구매·범죄 자금용 대출 등에 악용하는 수법이다.

신용카드 마그네틱 선 위조 범죄는 범죄조직이 가짜 현금지급기에 몰래카메라 또는 스키머(카드정보 복제기)를 설치하여 신용카드 정보 및 비밀번호를 알아내 부정 사용하는 수법이다. 가짜 현금지급기를 이용한 신용카드 정보유출은 중국에서 성행하고 있는데, 태국·말레이시아 등 동남아 국가 및 일부 유럽지역에서도 발생했다.

실물카드 위조는 신용카드 가맹점과 VAN사(거래승인중계업체), VAN사와 카드사 간의 전화망·전용망 등을 도청하거나 가맹점 단말기 자체 또는 VAN사에 집중된 정보를 해킹하는 방법을 이용하여 신용카드 정보를 수집한 후 수집된 정보를 통해 신용카드를 위조 사용하는 수법이다. 백화점·면세점 등 대형 유통업체에서 사용되는 무선 POS 단말기의 신용카드 결제 정보를 해킹, 외부 AP에 결제 정보가 이메일로 자동 전송되도록 하여 카드 정보를 절취하기도 했다.

3) 2010년대

금융산업은 저금리, 저성장으로 인하여 정체국면이 지속되었으며, 기업들의 실적이 양극화되고 있고 한계기업이 증가할 가능성이 높아짐에 따라 기업대출 부실 가능성에 대비하기 위해서 건전성 확보 방안을 마련하는 시기였다.

금융범죄 측면에서는 서민금융범죄가 지속적으로 증가하였다. 서민금융은 서민들의 기초생활자금 수요와 직접 관련되는바, 서민들의 기본적 금융자산을 직접적으로 침해하고 건전한 기초신용질서를 훼손하는 전형적인 민생침해 범죄가 지속적으로 발생하고 있는 것이다.

2012년 서민금융사고는 304억 원으로 전체 금융사고 가운데서도 가장 큰 40.8%를 차지했으며, 서민생활에 큰 피해를 끼치는 불법 서민금융에는 구체적으로 기관 임직원의 횡령·문서위조·불법대출, 무등록대부업 및 불법채권추심행위, 불법유사수신 행위 등이 포함됐다. 그중에서도 특히 무등록대부업, 불법채권추심 행위, 불법유사수신 행위 등 불법사금융은 서민들의 생활고를 가중시켰다.

또한, 「보험사기방지특별법」이 2016년에 제정되며 사회 전반에서 심각한 문제이던 보험사기를 방지하려는 움직임이 법 제정으로까지 이어졌다. 보험사기는 단순히 보험산업에만 영향력을 미치는 것이 아닌 사회 전반에 불신을 조장하는 등 더불어 사는 사회의 공동체 의식을 침해했다.

2010년도 후반에 들어서며 비트코인의 광풍으로 가상자산과 관련한 유사수신 행위가 '18년도 44건에서 '19년도 92건으로 증가했으며, 가상자산의 법적 규제 공백을 파고들어 가상자산 공개, 채굴, 투자 등을 빙자한 불법 유사수신 혐의업체가 증가했다.

4) 2020년대

전 세계적인 코로나19 감염병 확산으로, 우리나라도 '사회적 거리두기'를 국가차원에서 실시하면서 비대면 문화가 빠르게 확산되었고, 사이버범죄가 증가하는 계기가 되었다. 금융범죄자들은 가상자산과 더불어 사회공학적 기법을 사용하여 더욱 교묘하고 지능적인 범죄 수법으로 수많은 금융 이용자들을 괴롭히고 있다.

금융범죄 유형별 신고·상담 현황(건수, %)

구분	불법대부					유사수신	합계
	미등록 대부	고금리	채권추심	불법광고	불법수 수료		
'22년	4,617	3,216	1,109	1,202	206	563	10,913
'23년	5,009	3,472	1,985	1,812	606	867	13,751
증감 (증감율)	+392 (+8.5)	+256 (+8.0)	+876 (+79.0)	+610 (+50.7)	+400 (+194.2)	+304 (+54.0)	2,838 (+26.0)

자료: 금융감독원 불법사금융 신고센터

경찰청에서 발표한 통계에 따르면, 사이버범죄 발생건수는 2019년 180,499건, 2020년 234,098건, 2021년 217,807건, 2022년 230,355건으로, 2022년 발생건수를 기준으로 하루에 631건이 발생했다.

2022년에는 가상자산 테라, 루나 사태, 글로벌 거래소 FTX의 파산, 위믹스 상장폐지 등 가상자산 시장에서 굵직한 사건들이 발생하며, 관련 코인이 없어지거나 가격이 급등락하는 등 불안정한 모습을 보여주었다.

(1) 일상금융범죄

2020년 기준 사이버범죄 부분에서 사이버금융범죄의 발생 건수가 큰 폭으로 증가하였는데, 스미싱(207건 → 822건, 297.1%), 메신저피싱(2,756건 → 12,402건, 350%) 등 피싱범죄가 전년 대비 3배 이상 증가하는 모습을 보여주었다. 이러한 현상은 비대면을 악용하여 무기명 온라인 상품권을 탈취하는 범행 수법이 고도화되면서 피해가 증가한 것으로 보여진다.

스미싱은 문자 메시지(SMS)와 피싱(Phishing)의 합성어로, 웹사이트 링크가 포함된 문자 메시지를 전송 후, 이를 클릭하면 악성 앱을 설치하여 금융정보를 탈취하는 범죄[11]이다. 모바일 청첩장, 택배 배송조회 등 이용자가 관심을 가질 주제를 선정하여 URL을 누르도록 유도하고, 피해자가 URL을 클릭하면 휴대전화에 악성 프로그램이 설치되어 개인정보와 금융정보를 탈취한다.

메신저피싱은 모바일 메신저(카카오톡 등)를 통하여 가족 및 지인을 사칭하여 금전을 요구하는 범죄이며, 발생건수는 2020년 12,404건으로, 2018년 2,928건에 대비해 큰 폭으로 증가했다.

(2) 불법적인 금융시장과 관련된 금융범죄

가. 자금세탁

수사 당국에 따르면, 최근 투자 열풍에 편승해 고수익 보장 등으로 피해자를 속여 가상자산을 편취하는 유형, 피해자의 계정 등에 권한 없이 침입하여 가상자산을 탈취하는 유형, 불법적인 자금을 가상자산으로 세탁하는 유형이 대표적으로 가상자산 관련 범죄로 발표됐다.

사례를 살펴보면 다음과 같다. ① 투자전문가를 사칭하면서 허위 투자사이트 회원가입을 유도하고, 사이트에 접속한 회원들을 상대로 3억 원을 가로챈 사기 피의자 3명 검거(구속 1), ② 가상자산 투자리딩방을 개설하면서 피해자 130명으로부터 투자금 및 수수료 약 70억 원을 편취한 사기조직 피의자 16명 검거(구속 8), ③ 국내 가상자산 거래소를 사칭하여 "해외 아이피 로그인 알람" 등의 피싱 문자 메시지를 유포, 접속을 유도한 후 보관 중이던 가상자산을 탈취(약 4억 원 상당)한 피의자 1명 구속, ④ 가족을 사칭해 휴대폰을 조작할 수 있는 악성앱을 설치한 후, 가상자산 거래소에서 직접 송금하는 방식으로 보이스피싱 피해금을 세탁

---

11 국가수사본부사이버수사국, 2020, 사이버범죄 동향 분석 보고서, 국가수사본부사이버수사국, 18p.

한 보이스피싱·폭력단체 20명을 검거(구속 8)하였다.[12]

나. 유사수신과 결합

가상자산에 대한 관심이 높아지면서 가상자산을 채굴한다는 명목하에 투자자를 모집하거나, 비자금을 만들기 위해 가상자산을 발행하는 업체가 등장하는 등 기존 범죄에 가상자산이 활용되는 일도 급격히 증가하였다.

사례를 살펴보면 다음과 같다. ① 국내외 각지에 채굴기를 두고 OO코인을 채굴해 수익을 창출한다면서 투자자를 모집하였으나, 투자금을 반환하지 못한 대표 고소, ② 소프트웨어 업체인 OO사의 대표는 가상자산을 이용하여 비자금을 조성했다는 의혹과 관련하여 수사가 진행되었다.[13]

3. 특성

① 영리성

생계형 범죄와 달리 타산적인 이성인이 영리추구를 의도하여 이루어지고 장기적·지속적으로 반복되는 특징이 있다.

② 모방성

불법 행위를 방지하려 하지 않고 선례를 모방하여 동일하거나 개발된 지능적인 수법으로 영리를 추구하고자 하는 속성이 있다.

---

12 국가수사본부사이버수사국, 2023, 사이버범죄트렌드(2023), 국가수사본부사이버수사국, 31p.
13 국가수사본부사이버수사국. 2023. 사이버범죄트렌드(2023), 국가수사본부사이버수사국, 32p.

③ 권력성/신분성

권력의 개입 가능성이 높고 경제인에 의한 경제활동 영역에서 이루어지며 신분의 노출이 다른 범죄에 비해 낮다.

④ 지능성

전혀 범죄가 아닌 것 같이 꾸미거나 범죄사실이 발견되지 않도록 은폐하는 것을 의미한다.

⑤ 전문성

금융기관 종사자나 관련 직무를 행하는 자들이 직무수행과정에서 범죄를 저지르는 경우가 많고 특히 전문지식을 보유한 경우 그 지식을 활용해서 자행하는 특성이 있다.

⑥ 피해의 심각성

기존 재산범죄 대비 피해 규모가 상당하며 특히 무형적인 피해 규모가 크다. 대표적인 범죄로 유사수신 등 투자사기범죄와 보이스피싱 등 불특정 다수를 상대로 발생하는 범죄가 있다.

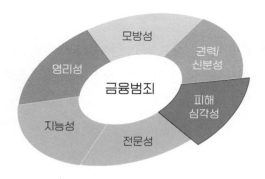

4. 유형

일반적인 금융범죄는 자금세탁을 중심으로 보험사기범죄, 신용카드범죄, 전기통신금융사기(일명 보이스피싱 등), 환치기(무등록 외환거래), 유사수신 행위, 가상자산범죄, 내부자범죄 등이 있다.

① 자금세탁

범죄 행위로부터 얻은 불법재산을 합법재산인 것처럼 위장하는 일련의 과정을 자금세탁 행위라고 한다. 즉, 범죄 수익의 불법원천을 가장하기 위한 일련의 과정이다.

② 보험사기

보험사고의 발생, 원인 또는 내용에 관하여 보험자를 기망하여 보험계약상 지급받을 수 없는 보험금을 취득하는 일련의 행위이다.

③ 신용카드범죄

신용카드의 특정 행위나 분야에 국한하지 않고 신용카드로 발생할 수 있는 직간접적인 모든 범죄현상이다.

④ 전기통신금융사기

전기통신을 이용하여 불특정 다수인을 기망, 공갈함으로써 재산상의 이익을 취하거나 제3자에게 재산상의 이익을 취하게 하는 행위이다.

⑤ 환치기(무등록 외환거래)

외국환 취급기관을 거치지 않고 외화를 거래하는 행위이다.

⑥ 유사수신 행위

법령에 따른 인가·허가를 받지 아니하거나 등록·신고 등을 하지 아니하고 불특정 다수인으로부터 자금을 조달하는 것을 업으로 하는 행위이다.

⑦ 가상자산범죄

가상자산을 이용하거나 그 탈취를 목적으로 하여 발생하는 직간접적인 모든 범죄 현상으로 가상자산거래소나 개인 접근암호 등을 직접 침해하는 범죄와 가상자산을 범죄의 도구로 이용하는 범죄로 나누어진다.

⑧ 내부자범죄

금융기관 내에서 발생하는 범죄 행위를 의미하며 직원이나 경영진이 내부조직 내부의 시스템 자원 또는 정보를 악용해 저지르는 불법 행위를 포함한다. 이러한 범죄는 금융기관의 신뢰성과 안정성을 훼손할 수 있으며, 경제 전반에도 영향을 미칠 수 있다. 내부범죄는 횡령, 부정대출, 정보 유출 및 남용 등의 유형으로 분류된다.

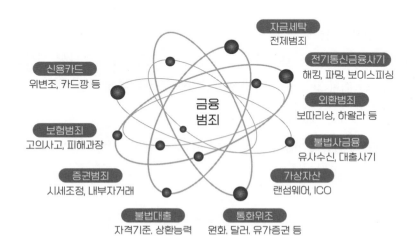

5. 사이버 금융범죄

IT기술의 발달과 핀테크의 활성화로 기존의 금융범죄가 정보통신망을 이용하여 꾸준히 발전하고 있다. 사이버 금융범죄는 정보통신망을 이용해 발생하는 금융, 금융기관, 금융거래, 금융상품과 관련된 모든 범죄현상이라고 할 수 있다. 대표적인 사이버 금융범죄는 피싱, 파밍, 스미싱, 메신저피싱, 몸캠피싱 등이 있다.

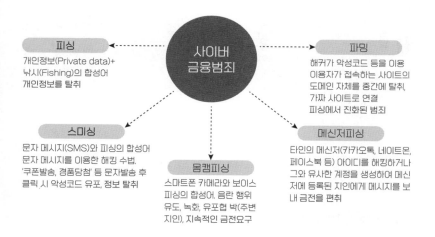

1) 피싱(phishing)

피싱(phishing)이란 개인정보(private data)와 낚시(fishing)의 합성어로, 개인정보를 낚는다는 뜻이다. 특정회사나 금융기관, 대형포털사의 홈페이지를 위조한 뒤, 인터넷 이용자들에게 이벤트 당첨이나 대형할인 등의 명목으로 홈페이지의 링크를 보내 위조된 홈페이지에 계좌번호나 주민번호 등 개인정보를 입력하도록 유인하는 범죄 행위 등을 말한다.

(1) 주요수법

① 특정회사를 가장한 이메일 발송 → ② 이메일에서 안내하는 인터넷 주소 클릭 → ③ 가짜 특정사이트로 접속 유도 → ④ 보안카드 번호 등 금융정보 입력 요구 → ⑤개인 금융정보 탈취 → ⑥범행계좌로 이체

(2) 범죄흐름도

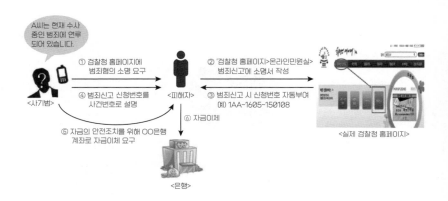

2) 파밍(pharming)

파밍(pharming)이란 해커가 악성코드 등을 이용하여 이용자가 접속하는 사이트의 도메인 자체를 중간에서 탈취해 진짜 사이트 주소를 입력해도 가짜 사이트로 연결되도록 만들어 피해자의 금융정보를 탈취하는 범죄로, 피싱(phishing)에서 한발 더 나아간 형태의 범죄를 말한다.

(1) 주요수법

악성코드에 감염된 사용자의 PC를 조작하여 금융정보를 탈취한다.

① 사용자 PC가 악성코드에 감염됨 → ② 정상 홈페이지와 흡사한 피싱(가짜)사이트로 접속 유도 → ③ 금융정보 탈취 → ④ 범행계좌로 이체

(2) 범죄흐름도

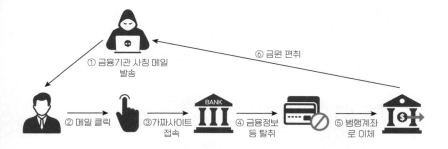

① 금융기관 사칭 메일 발송
② 메일 클릭
③가짜사이트 접속
④ 금융정보 등 탈취
⑤ 범행계좌로 이체
⑥ 금원 편취

3) 스미싱(smishing)

휴대전화 문자를 의미하는 SMS와 인터넷 개인정보를 알아내 사기를 벌이는 피싱(phishing)의 합성어로, 문자 메시지를 이용한 새로운 휴대폰 해킹 수법을 말한다. 불특정 다수의 휴대폰 이용자들에게 "쿠폰발송", "경품당첨" 등의 문자 메시지를 발송하여 피해자들로 하여금 악성코드가 포함된 스마트폰 APP을 다운받게 하고, 인증번호가 포함된 문자 메시지를 가로채는 등 스마트폰 소액결제 방식을 악용하는 신종 사기수법을 말한다.

또한, 스미싱에 이용된 변종 악성코드는 과거와 다르게 소액결제 인증번호를 가로채는 것에 그치지 않고 피해자 스마트폰에 저장된 연락처, 사진, 공인인증서 등의 개인정보를 모두 수집하므로 더 큰 금융범죄로 이어질 수 있다.

(1) 주요수법

① '무료쿠폰 제공', '택배반송' 문자 등을 내용으로 하는 문자 메시지의 주소를 클릭 → ② 악성코드가 스마트폰에 설치→ ③ 피해자가 모르는 사이에 소액결제 피해 발생 또는 금융정보 탈취

(2) 범죄흐름도

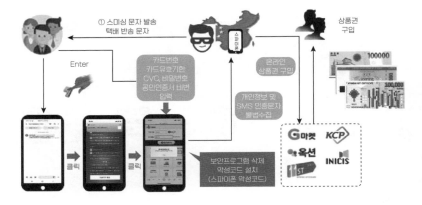

ㅇ사례(한국인터넷진흥원 참조)

[사례 1] 추석 명절 사칭	
◆(^○^)~✦ 추석 잘보내시고 2023년 남은 시간 모두 모두 행복한 시간 되시길 바랍니다 http://woz.kr/mhgd	① OO님 추석 명절 선물로 모바일 상품권을 보내 드립니다. 확인 바랍니다. <URL> ② 추석 선물 도착 전 상품 무료 배송! 할인 쿠폰 지급 완료! 즉시 사용 가능! 확인 <URL>

[사례 2] 택배 사칭	
[Web발신][OO택배]8월 22일 택배 미배달 도로명불일치 변경요망. http://napoa.rzhda.com [Web발신]로켓배송사전예약주문하신상품 8/12 도착예정, 주소지재확인바람. http://x12.as1d.hair	① 사전에 예약 주문하신 상품 8/12 도착 예정, 주소지 재확인 바람 <URL> ② 반송처리 알림 문자. 부재중으로 인해 반송 처리됨. 상세내용 <URL> ③ 송장번호 [xxxxxxxxx] 부재중 미수취 물품 확인 바랍니다. <URL> ④ 택배 배송 중 수령지를 선택해주세요. 1 현관 앞 2 경비실 3 본인 수령 <URL> ⑤ 주문하신 물품 O/OO 배달예정, 주소 재확인 바람 <URL>

[사례 3] 지원금 사칭

[OO은행] 소득확인 가능자 최저 3.2%대 금리, 최대1억원까지 신청 가능 http://nhsavingivi.com/

[OO부 지원금 신청 안내] 귀하는 국민지원금 신청대상자에 해당되므로 온라인 센터 (http://kr.center.com)에서 지원하시기 바랍니다.

① [Web발신]「OO은행」소득확인 가능자 최저 3.2%대 금리, 최대 1억 원까지 신청 가능 상담 문의: 02-000-0000
② 지원금 신청이 접수되었습니다. 다시 한번 확인 부탁드립니다. <URL>
③ 재난 지원금 신청 및 지급: <URL>
④ (광고)「OO희망론」『2023년 정부 특별지원금 대출 시행 안내』 안녕하세요.「OO새희망론」의 새로운 소식을 전합니다. [지원절차]- 상담 및 접수(신청인) → 한도 조회 → 가결 시 대출약정 체결 → 대출금 입금 무료거부 080-000-0000
⑤ O월에 추가 보조금이 지급되었으니 시간 내에 철회하십시오. <URL>

[사례 4] 공공기관 사칭

[Web발신]건강검사 통지서 발송완료. 상세보기 https://b05.p5zd.hair

[Web발신]도로교통위반벌금고지서 https://me2.do/GZjvSndn

① [Web발신] 도로교통위반 벌금고지서 <URL>
② [Web발신] 무료 건강검진 예약 알림 <URL>
③【사이버 검찰청】사건 처리 통지서입니다. 상세 내용 확인 <URL>
④ [국민연금] OOOO년 O월 국민연금 지급정지 통지서 <URL>
⑤ 국민건강보험공단 환급금(지원금) 안내 <URL>

[사례 5] 지인 사칭

[모바일 초대] 결혼식 일시: 08/19 (토) 11:00 많이 많이 와주세요

故 부친께서 별세하셨기에 아래와 같이 부고를 전해드립니다 https://iplogger.com/2rzFg8

① "엄마, 딸인데, 핸드폰 액정이 깨져서 대리점에서 임시 폰 받았어. 전화 통화 안 되니까 카톡 친구 추가해 줘."
② "신분증과 계좌번호, 비밀번호 보내 줘. 엄마 폰으로 할 게 있어. 보내주는 앱 깔아줘." <URL>
③ [부고] 18일 저녁 10시경 부친께서 별세하셨습니다. 안내 <URL>
④ [모바일 초대] 돌잔치 초대장을 보내드렸습니다. 참석하여 주시기 바랍니다. <URL>

4) 메신저피싱(Messenger Phishing)

타인의 메신저(카카오톡, 페이스북 등) 아이디를 해킹하거나 그와 유사한 인터넷 계정을 생성하여 메신저에 등록된 지인에게 메신저의 명의자인 것처럼 기망하여 메시지를 보내 금전을 편취하는 행태의 범죄를 말한다.

타인의 메신저 아이디, 닉네임, 프로필 사진 등을 도용하여 유사한 아이디를 새롭게 생성, 해당 메신저 명의자의 가족이나 지인들을 대상으로 금전을 요구하는 메시지를 보내 편취한다. 주로 특정 메신저를 이용하여 발생된다.

5) 몸캠피싱

몸캠피싱이란 스마트폰 카메라와 보이스피싱이 결합한 새로운 사이버범죄 중 하나로 피의자가 피해자(주로 남성)에게 스마트폰 채팅 앱으로 음란한 행위를 하자고 유혹하면서 피해자에게 화상 채팅을 유도하거나, 채팅오류 등의 핑계를 대면서 악성 앱을 깔도록 한 후 여성의 음란 행위 영상을 보여 준다. 그 후 음란 채팅을 하고 있다고 믿는 피해자에게 음란한 행위를 유도해 신체의 특정부위 등이 포함된 영상을 녹화한 후, 악성 앱으로 탈취한 피해자의 스마트폰 주소록에 저장된 사람들에게 동영상을 유포하겠다고 협박하고 지속적으로 금전을 요구한다.

(1) 범죄흐름도

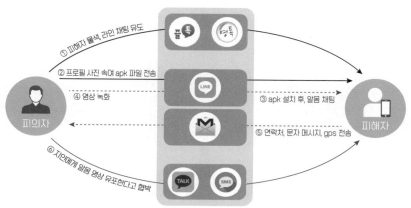

자료: 보안뉴스 참조 재구성

제
/
2
/
장

자금세탁

제2장

자금세탁

국제거래와 지급결제수단의 다양해지면서 탈세 자금, 비자금, 마약 자금 등 범죄 행위 등에 의해 발생된 자금을 합법화하기 위해 단속이 강화된 현금운반 등 직접적인 거래보다는 국제거래를 가장하는 지능화된 수법을 고안하게 됐다. 글로벌화되어 가는 국제 거래 환경과 다양성으로 자금세탁의 용이성은 높아지고 있다.

범죄 행위로부터 얻은 불법재산을 합법재산인 것처럼 위장하는 일련의 과정을 자금세탁 행위라고 한다. 즉, 범죄 수익의 불법 원천을 가장하기 위한 일련의 과정이라고 할 수 있다. FATF[1]의 권고사항 서문에서는 '범죄수익의 불법 원천을 가장하기 위한 과정'이라고 정의되어 있으나 각국의 정치, 사회적인 환경, 학자들의 연구 목적에 따라 달리 정의되고 있다.[2]

범죄 행위로 인한 돈은 지저분한 것으로 간주되며 합법적인 출처에

1　FATF(Financial Action Task Force on Money Laundering, 국제자금세탁방지기구)는 1989년 파리에서 열린 G7 정상회의 이후 자금세탁 방지를 위한 국제협력 및 각국의 관련 제도 이행상황평가 등을 목적으로 설립됨.
2　장일석, 자금세탁방지제도의 이해, 박영사, 2007, 3면.

서 비롯된 자금으로 만드는 과정을 통해 자금의 출처가 깨끗하게 보이도록 "세탁"한다는 의미인 자금세탁은 그 자체가 범죄이다.

자금세탁은 범죄자들이 사적 경제영역에 침투하여 시장경제원리 및 금융시장의 완전성을 저해하고 정부의 경제정책의 통제력을 상실하게 하여 경제의 왜곡 및 불안전성을 증대시켜 정부재정 수입에 손실을 끼치게 하는 등 그 폐해가 크다.

이러한 불법 자금을 원천적으로 차단하기 위하여 국제기구(UN, FATF, IMF, IBS) 등 국제기구와 지역 공동체인 유럽연합 그리고 주요 선진국들은 형사사법 분야 및 금융 분야를 중심으로 선도적으로 자금세탁 규제 방안을 마련하기에 이르렀다.

형사사법 분야에서 자금세탁을 범죄화하고 기법이 점점 교묘해짐에 따라 그 전제범죄를 마약범죄에서 중대범죄 등으로 확대하였고 범죄 동기인 범죄수익을 몰수함으로써 범죄발생의 동기를 제거하고 추가 범죄를 사전에 예방하고자 했다.

금융 분야에서는 고객확인의무(CDD), 의심거래보고(STR), 고액현금거래보고(CTR), 위험기반 자금세탁방지(RBA) 등에 대한 규정을 마련하여 체계적으로 자금세탁을 차단하고자 했다.

금융기관 등은 범죄자금의 세탁 행위를 사전 예방함으로써 건전한 금융거래질서를 확립하고 반사회적인 전제범죄(중대범죄) 등 범죄의 확산을 차단하고자 하는 것에 자금세탁방지제도의 목적이 있다고 할 것이다.

일반적으로 자금세탁(Money Laundering)이라는 용어는 1920년대 미국의 '알카포네' 등 조직범죄자들이 세탁소에서 현금거래가 빈번하게 발생한다는 점을 이용하여 도박이나 불법 주류 판매를 통한 수익금을 자신들의 영향력 아래에 있는 이탈리아인들이 운영하는 세탁소에서 합법적인 수입으로 가장한 데에서 유래하였다.

1. 개념

　자금세탁이란 "재산의 위법한 출처를 숨겨 적법한 자산인 것처럼 가장하는 과정"으로, 범죄에 의한 불법적인 재산을 합법적인 재산으로 가장하는 행위를 의미한다.

　국제자금세탁방지기구인 FATF는 자금세탁 행위를 범죄수익의 불법 원천을 가장하기 위한 과정으로 정의하고 있다.

　자금세탁은 글로벌 금융시장과 국가안보 및 회사 경영의 안정에 주요한 위협 요인이 된다. 조직범죄자들이 불법수익을 향유할 수 있는 금융권의 자금세탁은 암세포로 불리며 위장된 국제거래를 통하여 새로운 자금세탁의 수단으로 사용한다.

2. 특성

1) 불법 자금의 합법화

　범죄자들은 불법적인 자금의 출처를 숨기기 위해 여러 단계를 거쳐 돈을 세탁한다.

2) 복잡한 과정

　자금세탁은 일반적으로 세 가지 단계를 거친다.

(1) 1단계
　배치 또는 예치단계로, 범죄 행위로 취득한 불법재산을 금융기관 등에 유입시킨다. 이는 정상적인 영업활동을 통하여 얻어진 매출인 것처럼 기망하여 금융기관 등에 유입시키는 단계이다.

(2) 2단계

반복 또는 은폐단계로 불법재산의 출처를 은폐하기 위해 위장거래를 반복한다. 허위 주문 및 결제 등과 같이 유령회사와 정상적인 거래가 이루어진 것처럼 가장하여 현금지급을 가장한 불법자금을 입금, 송금하는 과정이 이루어진다.

(3) 3단계

통합 또는 합법화 단계로 합법적 외관을 가지게 된 불법재산을 정상적 경제활동으로 통합하는 단계로 반복 및 은폐단계를 거쳐 최종 범죄자의 개인 계좌나 관련 계좌로 이체하고 부동산이나 주식 등으로 불법재산을 혼화하는 형태이다.

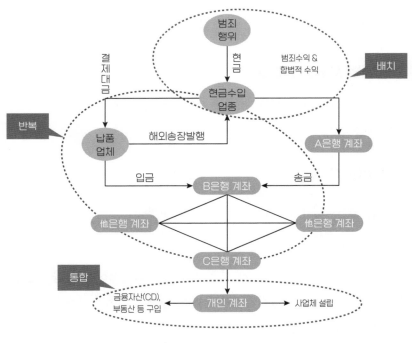

자금세탁의 주요 단계

3) 국제적인 성격

자금세탁범죄는 자금이 여러 나라를 거쳐 이동하는 경우가 많아 국제적인 협력과 감시가 필요하다. 다국적 거래를 통해 자금을 추적하는 것이 어려워지고, 특히 자금세탁 방지 시스템이 취약한 국가들이 범죄에 이용되기도 한다.

4) 다양한 수단 활용

자금세탁범들은 금융 기관뿐만 아니라 현물 자산(예: 미술품, 보석), 카지노 등 다양한 수단을 통해 불법 자금을 세탁하며 최근에는 가상자산을 이용한 신종 수법이 등장하였다.

5) 범죄 은폐 목적

자금세탁의 궁극적인 목적은 범죄 행위의 수익을 합법적으로 보이게 함으로써 범죄 사실을 은폐하고, 이를 통해 범죄자들이 얻은 자금을 자유롭게 사용하거나 재투자하는 데 있다.

3. 자금세탁 행위의 발생 유형

1) 대포통장(차명계좌 이용)

금융실명제[3] 이전에는 타인 명의의 계좌를 이용하여 비자금을 관리하거나 범죄수익으로 얻은 금원을 관리하는 것이 상당히 용이하였으나

---

3   금융기관과 거래를 함에 있어 가명이나 차명이 아닌 본인의 실지명의, 즉 실명으로 거래해야하는 제도로서 '금융실명거래 및 비밀보장에 관한 긴급명령'에 의거 1993년 8월 12일 이후 모든 금융거래에 도입됨.

금융실명제 시행 이후 실지명의의 금융기관 계좌를 사용케 함으로써 비자금이나 범죄수익의 관리는 특정인 명의나 타인의 통장을 이용할 수밖에 없는 상황이 됐다. 이에 비자금 등의 보관자가 은닉 재산을 모두 인출하는 경우 수사기관에 신고조차 할 수 없는 환경이었다.

그러자 자신들의 친인척 명의를 활용하여 비자금이나 범죄수익을 은폐하였지만 금융감독당국의 차명계좌 단속 활동 강화로 인하여 이 또한 용의하지 않아졌다. 이후 타인 실지명의의 대포통장을 구매하거나 유령 법인업체 명의의 통장을 구매하여 위장, 허위거래에 활용하고 최종적으로 자신의 계좌로 이체하여 불법자금을 정상적 절차를 거친 합법자금으로 활용되었다.

아울러 부동산(건물, 토지 등)이나 동산(자동차, 선박 등)을 제3자 명의로 등기·등록하여 자금세탁에 이용하기도 한다.

2) 합법적인 사업체를 이용하는 방법

자금세탁 행위자가 실제 존재하는 전위사업체를 이용(술집, 식당, 호텔, 여행사, 환전상 등)하여 정상적인 매출과 범죄를 통하여 벌어들인 소득을 혼화해 합법적으로 벌어들인 소득인 것처럼 정상적인 사업체를 이용하는 방법으로 주로 현금 수입이 많은 업체를 전방에 내세워 정상적인 영업활동을 통하여 얻어진 자금으로 위장한다.

3) 위장기업을 이용하는 방법

유령기업이나 페이퍼컴퍼니(Paper Company)[4]를 통하여 자금을 이동

---

4 물리적 형태로는 존재하지 않고 서류 형태로만 존재하면서 회사기능을 수행하는 회사를 말하며 실질적인 영업활동보다는 세금을 절감하거나 제반경비를 절감하기 위하여 설립되고 있다. 주로 조세회피 지역에 주로 설립된다.

하는 방법으로 합법적인 거래나 투자 명목으로 자금이 이동하는 외관을 띠고 있으나 서류상의 거래만 존재할 뿐 실질적으로 여러 개의 유령기업 명의의 예금계좌를 활용하여 자금세탁을 자행하는 방법이다.

4) 무역거래 등 국제거래를 이용하는 방법

국제 무역거래를 통하여 상품과 용역의 가격을 임의적으로 조정하고 정상적인 가격이나 매도물량을 부풀려 결제하는 방법이다.

이 경우 해당 국가 간에 신속한 상호 감독이 불가능하다는 점을 악용하여 범죄수익 등을 국가 간에 합법을 가장한 형태로 이전하는 방법이다.

5) 현금분할 거래 및 송금을 이용하는 방법

원시적이고 고전적인 자금세탁방법으로 자금추적이 용이하지 않은 거액의 현금을 다수인 명의로 분산하여 여러 금융회사 및 지점을 활용하여 입·출금하거나 해외로 송금하고 현지에서 인출하여 부동산, 금 등에 투자하는 불법적인 자산은닉 방법으로 이루어진다.

6) 대체송금 시스템을 이용하는 방법

공식적인 금융기관의 송금시스템을 이용하지 않고 국가 간에 자금이나 다른 형태의 가치재를 이전하는 형태를 이용하는 방법으로 국내에서는 외국환거래법위반("환치기")거래를 말한다.

외국의 경우 미국의 PE(Black Market Peso Exchange), 인도의 훈디(Hundi), 하왈라(Hawala), 중국의 칫(chit), 찹샵(chopshop) 등이 있다.

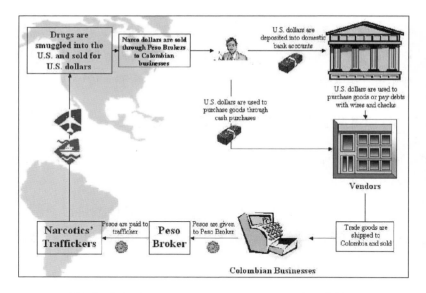

[BMPE(Black Market Peso Exchange)의 흐름도]

자료: Chase & Associates, Inc

7) 가상자산을 이용하는 방법

익명성을 바탕으로 가상자산을 이용한 자금세탁은 꾸준히 증가하고 있다. 가상자산은 지폐나 동전과 같은 실물 없이 네트워크로 연결된 가상공간에서 전자적 형태로 사용되는 디지털 자산, 디지털 통화를 말한다. 기존의 전자화폐처럼 각국의 정부나 중앙은행에서 발행하는 일반 화폐가 아닌 탈중앙화를 통한 별도의 규칙에 따라 채굴되고 유통되는 특성이 있어 자금세탁의 도구로 활발하게 이용되고 있다.

4. 국내의 자금세탁방지 관련 법률

우리나라는 자금세탁방지법이 별도로 존재하진 않지만, 크게 자금세탁방지 법제를 5가지로 나눌 수 있다.

1) 「마약류 불법거래 방지에 관한 특례법」

마약거래관리법은 국제적으로 협력하여 마약류와 관련된 불법 행위를 조장하는 행위 등을 방지함으로써 마약류범죄의 진압과 예방을 도모하고, 이에 관한 국제협약을 효율적으로 시행하기 위하여 제정됐다. 동법에서 "불법수익"이란 마약류범죄의 범죄 행위로 얻은 재산, 그 범죄 행위의 대가로 얻은 재산 등을 말하며 "불법수익에서 유래한 재산"이란 불법수익의 과실(果實)로서 얻은 재산, 불법수익의 대가로서 얻은 재산, 이들 재산의 대가로서 얻은 재산, 그 밖에 불법수익의 보유 또는 처분으로 얻은 재산을 말한다.

"불법수익 등"이란 불법수익, 불법수익에서 유래한 재산과 그 재산 외의 재산이 합하여진 재산을 말하며 금융기관 등에 종사하는 사람으로서 금융거래를 수행하는 사람은 수수한 재산이 불법수익 등임을 알게되었을 때에는 지체없이 서면으로 검찰총장에게 신고하여야 하고 신고사실을 상대방 및 그 거래 상대방과 관계된 자에게 누설하면 안 된다.

2) 「범죄수익은닉의 규제 및 처벌 등에 관한 법률」

범죄수익은닉규제법은 특정 범죄와 관련된 범죄수익을 은닉하거나 합법적인 수입으로 위장하는 행위를 처벌하고 당해 범죄수익 등을 몰수·추징할 수 있도록 함으로써 반사회적 범죄 행위를 사전에 예방하고 범죄를 조장하는 경제적인 요인을 근원적, 사전적으로 제거하려는 목적으로 제정됐다.

금융회사 등의 종사자는 범죄수익 수수사실을 알게 된 경우 또는 금융거래의 상대방이 범죄수익 등의 은닉·가장의 죄에 해당하는 행위를 하고 있다는 사실을 알게 된 경우 관할 수사기관에 신고해야 하는 의무가 있다.

3) 「공중 등 협박목적 및 대량살상무기 확산을 위한 자금조달 행위의 금지에 관한 법률」

공중 등 협박목적 및 대량살상무기 확산을 위한 자금조달 행위의 금지에 관한 법률(테러자금금지법)은 테러억제를 위해 사전적인 예방, 특히 테러자금조달을 억제하는 것이 중요하다는 인식이 1990년대 중반부터 국제적으로 확산되면서 제정됐다.

테러의 효율적 예방과 테러자금조달의 억제를 위한 국제협약(2004. 3.18 발효)의 이행을 위해 동법에 이행목적을 위한 입법임을 명시하고, 동 국제협약에 열거된 테러 행위와 관련이 있는 자금을 "공중 등 협박목적을 위한 자금"으로 정의하고 있다.

4) 「특정 금융거래정보의 보고 및 이용 등에 관한 법률」

금융거래 등을 이용한 자금세탁 행위와 공중협박자금 조달 행위를 규제하는 데 필요한 특정금융거래정보의 보고 및 이용 등에 관한 사항을 규정함으로써 범죄 행위를 예방하고 나아가 건전하고 투명한 금융거래 질서를 확립하는 데 이바지함을 목적으로 한다.[5]

즉, 반사회적인 범죄 행위의 사전 예방 및 건전하고 투명한 금융거래 질서 확립을 목적으로 하고 있다. 자금세탁방지제도를 실질적으로 규율

---

5 「특정 금융거래정보의 보고 및 이용 등에 관한 법률」 제1조 목적.

하는 법률이라고 할 수 있다.

5) 「금융실명거래 및 비밀보장에 관한 법률」

실지명의(實地名義)에 의한 금융거래를 실시하고 그 비밀을 보장하여 금융거래의 정상화를 꾀함으로써 경제정의를 실현하고 국민경제의 건전한 발전을 도모함을 목적[6]으로 제정됐다. 「특정 금융거래정보의 보고 및 이용 등에 관한 법률」이 제정되기 전에는 고객확인의무가 명확하지 않은 관계로 금융거래 시 실지명의를 확인하고 관련 기관에서 금융기관에 금융거래정보 등의 제공을 요구하는 경우에는 법적 근거, 사용목적, 요구하는 거래정보 등이 포함된 표준양식(압수수색검증영장 등)에 따라야 한다. 금융기관은 거래정보 등을 제공한 경우에 10일 안에 그 사실을 명의인에게 서면으로 통보해야 하며 요구자의 인적사항과 요구내용, 제공내용 등을 표준양식에 의거 보관해야 한다.

(1) 금융실명법과 특정금융정보법의 적용범위

가. 적용거래: 실명제는 은행업(수신·환업무), 증권업에 적용되나, 특정 금융정보법은 금융실명법, 자본시장법 적용거래, 카지노칩 거래 및 전자금융거래 등 광범위한 금융거래에 적용된다.

나. 확인사항: 실명제는 거래자의 실지명의만 확인하면 되지만, 특정 금융정보법은 거래당사자의 신원(실지명의 + 주소, 연락처), 실제 소유자 정보 외에 고위험인 경우 금융거래의 목적 등을 확인한다.

다. 확인되지 않은 경우: 실명제는 본인이 아닌 경우에만 거래를 거절하나, 특정금융정보법은 고객확인사항이 충족되지 않을 경우 거래거절 및 의심거래로 보고한다.

---

6 「금융실명거래 및 비밀보장에 관한 법률」 제1조 목적.

[금융실명법과 특정금융정보법의 차이]

구분	금융실명법	특정금융정보법	
목적	실지명의에 의한 금융거래 실시	자금세탁 행위 등과 관련된 범죄 행위 예방 투명한 금융거래 질서 확립	
적용대상	금융회사 등 (은행, 보험, 증권 등)	은행, 보험, 증권, 카드, 금융지주회사, 환전영업자, 카지노사업자 등	
적용거래	은행법(수신·환업무), 증권업 *여신, 보험, 공제, 카드업 등 제외	금융실명법, 자본시장법 적용 거래, 카지노 칩 거래, 전자금융거래 *여신, 보험, 공제, 카드업 등 포함	
확인사항	거래자의 실지명의 – 개인(성명, 주민번호) – 법인(상호, 사업자번호)	거래당사자의 신원(실 지명의+주소, 연락처) 실제 소유자 정보	금융거래의 목적
미확인시	금융회사 거래 불가 – 거래 시 금융회사 임직원 과태료 부과 – 고의로 차명거래 시 형사책임	금융회사는 – 거래거절 또는 거래해지 및 중지 – 거래 후 의심거래로 보고 가능 → 미확인 시 금융회사 또는 임직원 제재 조치, 거짓보고 시 형사책임	

5. 자금세탁방지 국제기구

새로운 자금세탁의 수단인 국제거래를 가장한 자금세탁의 경우 국제거래의 자율성을 해치지 않는 범위에서 국제기구의 협약 및 각 국가의 법규를 통해 방지 방안이 모색되고 있다.

1) 자금세탁에 대한 국제적 대응

교역, 교류의 확산, 교통, 통신의 발전 등으로 인한 세계화, 통합화, 단일화로 범위가 한 나라에만 국한되지 않고 전 세계에 영향을 미치게 됐다. 현재는 금융 시스템 및 현금운반의 단속이 강화되면서 자금세탁의 수단으로 국제거래가 활용되고 있다. 자금세탁은 국제거래 시스템에서 규제가 약하고, 적발이 쉽지 않은 곳에서 금융 및 자산거래를 수행하기 때문에 국가들 간의 협력을 통한 국제적 대응이 반드시 필요하다.

자금세탁방지를 위한 국제적 공동대응의 필요성이 증가됨에 따라, UN 및 주요국 등을 중심으로 한 국제기구들을 통해 규제방안이 마련되었고 그 결과 FATF의 40개의 권고사항이 국제 기준으로 정해져 많은 국가의 법체계에 반영되고 있다.

2) 자금세탁 규제를 위한 주요 국제규범

(1) UN 협약

가. 1988.11. 마약 및 향정신성 물질의 불법거래 방지를 위한협약(The Vieuna Convention, 비엔나협약)

나. 1999년 테러자금조달 억제를 위한 UN협약

다. UN 초국가 조직범죄 방지협약(팔레르모협약)

(2) FATF 권고사항(The FATF Recommendations)

FATF 권고사항은 법적 구속력이 있는 다자협약은 아니지만, FATF 회원국은 권고사항을 이행할 것을 약속해야 하며 FATF가 고위험국가를 지정하고 상호평가를 통해 강화된 점검 대상국가를 선정하여 해당하는 조치를 취함으로써 사실상 구속력을 발휘하고 있다.

FATF 권고사항에는 권고사항을 이행하지 않는 국가에 대한 제재규정, 회원자격 박탈 규정 등 국제법에서만 발견되는 규정이 존재하며, 권고사항의 문맥과 목적 등을 종합적으로 고려 시 사실상 법적 구속력을 갖고 있다고 볼 수 있다.

가. FATF 40개 항목 권고사항

FATF 권고사항은 4대 핵심제도인 '자금세탁방지, 테러자금조달차단, 대량살상무기 확산금융 차단, 국제협력'을 중심으로 7개 분야에 걸쳐 금융기관과 감독당국 등의 의무를 규정하고 있다. 권고사항 중 핵심권고사항은 권고사항3(자금세탁의 범죄화), 권고사항5(테러자금조달의 범죄화), 권고사항10(고객확인제도), 권고사항11(기록보관), 권고사항20(의심거래보고제도)이다.

또한, FATF 권고사항은 자금세탁 행위의 처벌과 범죄수익의 동결, 몰수를 제도화했다. 가명제도를 금지하고 위험도에 비례하여 신원확인 및 검증하는 등 고객확인제도를 실시했고, 금융거래 및 고객확인 기록을 5년 이상 보관토록 했다.

범죄수익 또는 테러자금으로 의심되는 경우에는 FIU(금융정보분석원)에 보고하고, 금융기관 등의 FATF 권고사항의 효과적 이행에 관해 감독, 검사하도록 했다. FATF 권고사항 미이행 국가 금융기관과 거래하는 경우에는 특별한 주의를 기울이도록 했다.

[FATF 권고사항 주제별 내용]

주제	주요 내용(관련 조항)
A. AML/CFT 정책과 조정	1. 위험평가와 위험기반 접근방식의 적용 2. 국가적 협력과 조정
B. 자금세탁과 몰수 관련 법률제도	3. 자금세탁 범죄화 4. 몰수와 잠정조치
C. 테러자금조달과 확산금융	5. 테러자금조달 범죄화 6. 테러와 테러자금조달 관련 정밀금융제재 7. 혁신금융 관련 정밀금융제재 8. 비영리 단체

D. 예방조치	9. 금융회사의 비밀유지 법률 10. 고객확인제도(CDD) 11. 기록보관 12. 정치적 주요 인물 13. 환거래은행 14. 자금 또는 가치의 이전서비스 15. 새로운 기법 16. 전신송금 17. 제3자 의존 18. 내부통제, 해외지점과 자회사 19. 고위험국가 20. 의심거래보고제도 21. 정보누설과 비밀유지 22. 특정 비금융사업자·전문직: 고객확인 23. 특정 비금융사업자·전문직: 기타수단
E. 신탁 등 법률관계와 법인의 투 명성과 실제소유자	24. 법인의 투명성과 실제 소유자 25. 법률관계의 투명성과 실제 소유자
F. 권한당국의 권한과 책임, 다른 제도적 조치들	26. 금융회사에 대한 규제와 감독 27. 감독기관의 권한 28. 특정 비금융사업자·전문직에 대한 규제와 감독 29. 금융정보분석기구 30. 법집행기관과 조사당국의 책임 31. 법집행기관과 조사당국의 권한 32. 현금휴대반출입 관리 33. 통계 34. 지침과 피드백 35. 제재
G. 국제협력	36. 국제협약의 이행 37. 국제사법공조 38. 국제사법공조: 동결과 몰수 39. 범죄인 송환 40. 기타 국제협력

6. 자금세탁의 영향도

자금세탁은 모든 범죄에서 발생할 수 있고 국경과 특정 지역을 가리지 않아 금융선진국에서도 발생할 수 있다. 조세피난처[7]를 통해 위장법인을 설립하고 해당 법인으로 허위거래를 발생시킨 후 관련 자금을 세탁하는 경우도 발생 가능하다.

이처럼 자금세탁은 금융선진국이나 조세피난처에서도 발생이 가능하며 자금세탁이 발생하면 그 자금의 원천에 따라 조직범죄와 부패에 노출되거나 금융기관의 건전성과 안정성을 위해할 가능성이 높고 경제를 왜곡시켜 불안정 자금 흐름을 유발시키기도 한다. 또한, 자금세탁으로 인해 세수가 감축되면 국가차원의 손해가 발생하며 사회적 비용이 발생한다. 이 중 가중 자금세탁은 국가 신뢰도 하락과 평판 훼손을 일으킬 수 있을 정도로 큰 영향을 끼친다.

과거 국가 신뢰도의 기준은 여러 항목을 고려하여 정치, 경제, 사회적 상황에 따라 많이 좌우되었지만, 최근에는 국가신뢰도는 국가신용등급과 밀접한 연관이 있다. FATF 등에서 자금세탁방지 비협조국가[8]에 포함된다면 국가신용등급의 하락이 발생하고 국가신뢰도의 추락이 동반된다.

---

7 법인에게 법인세를 떼지 않거나 법인세율이 매우 낮은 국가나 지역을 말한다. '조세회피지역', '조세도피처'라고도 한다. 조세피난처는 합법으로, 불법인 탈세와는 다르다.
8 FATF가 발표하는 자금세탁 방지노력이 부족한 국가 명단이다. FATF는 2000년 6월 처음으로 자금세탁방지 활동에 유해한 각종 규정과 관행을 방치하는 국가 등을 선정하여 비협조국가로 발표하였다.

1) 조직범죄와 부패에 노출

자금세탁범죄는 아직까지 많은 법과 제도에서 전제범죄의 파생범죄로 정해져 있기 때문에 독립적인 범죄로 인정되지 않고 있다. 전제범죄가 많을수록 자금세탁을 적발하기는 수월해질 것이며, 자금세탁방지제도를 잘 준수하고 법과 제도를 충실히 이행하는 금융기관과 종사자가 많을수록 자금세탁은 감소할 것이다. 자금세탁과 부정부패의 관계는 정비례한다.

2) 위장기업을 이용한 합법적 분야 산업이 악화

위장기업을 이용한 세금탈루와 더불어 위장기업과 허위거래를 통하여 시장가격 이하로 가격이 형성되어 시장 가격의 왜곡이나 합법적 분야 산업이 악화된다. 즉, 미시경제학 측면에 가장 심각한 영향을 미치고 탈세로 인하여 국가 전반의 세원 확보가 어려워진다.

3) 금융기관의 건전성 및 안전성 약화

금융기관 스스로 관련 법규 및 국제 규약을 준수하지 않고 AML/CDD, EDD 등을 소홀히 하게 된다면 국내외에서 금전적 손실[9]과 영업 허가권의 상실 등을 가져올 수 있으므로 관련 AML 등의 규정을 잘 준수하여 국내외 영업활동 영역에 수익 창출을 가져오도록 해야 한다.

---

9 '20년 4월 국내 oo은행이 미국의 이란 제재 위반 협의와 관련하여 미 사법당국과 8천600만달러(약 1천 49억 원)에 벌금합의.

4) 경제 왜곡

자금세탁 범죄자의 최종 목표는 범죄나 불법 행위로 얻은 불법자금이 합법적인 것처럼 보이도록 만드는 것이다. 자금세탁과정에서 이득을 남기는 것보다는 최소한의 피해로 자금을 감추기 위해 경제적 이득이 없는 곳에도 외관상 투자 행위 등을 반복하여 경제를 왜곡시킨다.

5) 정부의 재정 수입 손실

자금세탁은 범죄 행위를 은폐하거나 범죄 수익을 합법적 자산으로 보이도록 하는 것과 탈세의 목적이 수반되는 경우가 많으므로 정확한 세수의 확보나 부과가 불가능하다. 이는 정부의 세금 재정을 감소시켜 재정 손실을 초래하게 되고 선량한 납세자에게 간접적인 손해를 끼치게 된다.

6) 국가 평판 훼손 및 신뢰도 하락

자금세탁의 위험국가 또는 비협조 국가로 지정된 경우 국가 신뢰도 및 국가신용등급[10]에도 영향을 주게 되며 국가에 소속된 기관이나 금융기관, 기업 등에 대한 신용도 평가까지 하락시킬 수 있다. 또한, 해당 국가의 금융기관이나 기업이 해외사업을 진출하는 경우 타 국가(경쟁국)의 금융기관이나 기업보다는 더 엄격한 검사와 심사를 받을 수 있고 이런 엄격한 검사와 심사를 위하여 내부비용을 지출할 수도 있다.

---

10 국가신용등급: 신용등급은 개인, 회사와 국가까지 등급을 평가한다. 국가의 채무상환능력을 평가하는 지표로 사용된다. 국가신용등급이 높아지면 외국투자자들의 자금이 몰리게 되며, 해당 국가에 있는 기관이나 은행이나 기업에 대한 평가까지 상승하는 동반효과가 생기기도 한다.

7) 사회적 비용 증가

정부의 법 집행 강화 등을 위한 별도의 예산체계를 구축하고 금융기관 및 관련 AML 의무준수기관도 내부 시스템 구축 및 인력 확보 등을 위한 예산 확보와 비용 등의 지출로 사회적 비용이 증가한다.

7. 자금세탁방지의무 강화 방향

국제거래는 다양한 위험요인을 가지고 있다. 그중 하나가 범죄 집단이 국제거래를 악용하여 불법자금을 세탁하는 것이다. 즉, 세계 시장의 통합과 새롭고 다양한 금융상품 그리고 거래절차의 어려움 등으로 국제거래가 새로운 자금세탁의 수단으로 선호되고 있다.

자금세탁에 대한 국제규범 및 지역공동체의 지침 및 개별 국가의 법규는 크게 자금세탁의 범죄화, 범죄수익의 압수 및 몰수, 정보교환, 금융기관의 협조 및 기록, 저장, 관리, 의심스러운 고객 및 거래에 대한 보고, 금융회사의 감독, 통제, 제재 등으로 구성된다.

국제거래에서 자금세탁에 효과적으로 대응하기 위해서는 첫 번째, 보고의무자를 확대하고 고객확인의무, 의심거래보고, 고액현금거래보고 등 고객정보를 관리해야 하며 금융회사는 자금세탁에 효율적으로 대응할 수 있도록 체계적으로 통제할 뿐 아니라 자금세탁 폐해에 대한 홍보 교육도 지속적으로 수행해야 한다. 두 번째, 자금세탁의 범죄화, 전제범죄의 확대 등 자금세탁 관련 법규를 정비하여야 하고, 범죄수익을 철저히 추적, 환수하여 범죄의 동기를 사전에 차단해야 한다. 마지막으로 각국의 FIU, 수사기관, 금융기관 등 자금세탁을 규제하는 관련 기관들이 서로 정보교환 및 의사소통을 활발히 하여야 한다. 새로운 사례도 분석하여 공유하고 적극 대응해야 하며 자금세탁 규제를 잘 이행하는 국가에 대한 지원을 아끼지 않아야 한다.

결국 국제거래에서 자금세탁에 효과적으로 대응하기 위해서는 형사사법분야와 금융분야에서 나누어 대응해야 한다. 형사사법 분야에서 자금세탁범죄 행위에 대하여 전제범죄를 확대하는 등 강력한 단속을 통하여 동기를 사전에 차단하고 금융분야에서 고객확인의무와 기록관리 의무 등 국제거래를 악용하는 자금세탁 행위를 예방하고 국제공조를 통해 건전한 국제거래질서를 확립하고 반세계적인 중대범죄의 확산을 저지하며 추가적인 범죄 확산을 근절하여야 한다.

1) 보고의무자의 확대

2012년 2월 개정된 FATF의 권고사항 22항은 보고의무자를 카지노, 부동산 중 개인, 귀금속상, 변호사, 공증인, 회계사 등의 특정 전문직과 비금융 사업자로 확대했다. 우리나라의 경우 「특정금융거래보고법」 제2조 1항에서 보고의무자를 일반 금융기관과 카지노로 규정하고 있다. 앞으로 변호사, 회계사, 공인중개사, 귀금속상 등 업계 종사자들의 의견을 충분히 들은 후 보고자의 범위를 확대해야 할 것이다.

2) 고객정보의 관리

금융회사간 고객정보의 공유 및 제3자로부터의 고객정보의 입수를 허용하고 이러한 고객정보를 바탕으로 고객확인의무(CDD, EDD)를 적용하고 강화해야 할 것이다.

3) 금융기관의 내부통제

특정금융거래보고법 제5조의 규정과 같이 금융기관은 담당자가 고객확인의무, 기록보관, 유지의무 등을 체계적으로 준수하도록 관리하여야 한다. 개인의 양심에만 맡기지 않고 객관적 기준을 마련하여 의무를 준수하게 하고, 인센티브를 통해 보상토록 하는 것이다.

8. 자금세탁방지 관련 용어

- AML(Anti- Money Laundering): 자금세탁방지
- CFT(Combating the Financing of Terrorism): 테러자금조달금지
- PF(Proliferation Finance): 확산금융
- WMD(Weapons of Mass Destruction): 대량살상무기
- CDD(Customer Due Diligence): 고객확인
- EDD(Enhanced Due Diligence): 강화된 고객확인
- STR(Suspicious Transaction Report): 의심스러운 거래 보고
- CTR(Currency Transaction Report): 고액현금거래 보고
- KYC(Know Your Customer): 고객알기제도
- KYE(Know Your Employee): 직원알기제도
- FATF(Financial Task Force on Money Laundering): 국제자금세탁방지기구
- FIU(Financial Intelligence Unit): 금융정보분석원
- RBA(Risk Based Approach): 위험기반접근법
- FRB(Federal Reserve Board of Governors): 미국 연방준비제도 이사회
- FRBNY(Federal Reserve Bank of New York): 뉴욕 연방준비은행

- DFS(Department of Financial Services): 금융국
- FINCEN(Financial Crimes Enforcement Network): 미국 금융정보분석 기구
- OFAC(Office of Foreign Assets Control): 미국 해외자산통제국
- BSA(Bank Secrecy Act): 은행보안법
- PEPs(Politicaliy Exposed Persons) 정치적 주요 인물

제

/

3

/

장

가상자산범죄

제3장

가상자산범죄

1. 개념

    최초의 가상자산인 비트코인은 2018년 10월 Satoshi Nakamoto의 논문 「Bitcoin: A Peer-to-Peer Electronic Cash System」[1]을 통해 발표되었다. 최초의 비트코인은 2009년에 발행[2]되었으며, 이후 이더리움(Ethereum)·리플(Ripple) 등 수많은 가상자산이 등장하였다.

    가상자산의 가장 큰 특징은 정부나 금융회사 등(이하 '신뢰받는 제3자') 기존의 금융 시스템을 통제하는 기관의 영향력에서 벗어나 각 참여자가 컴퓨터 네트워크 시스템을 통해 재산적 가치가 있는 가상의 자산 거래를 주체적으로 수행한다는 것이다. 이 외에도 ① 거래의 익명성, ② 신속성, ③ 수수료의 절감, ④ 금융 시스템 취약 지역의 대체 금융 역할 등을 통해 서서히 세계 각지에서 저변을 확대하였다.

---

1 한국어 번역본: 〈https://bitcoin.org/files/bitcoin- paper/bitcoin_ko.pdf〉
2 비트코인의 최초 발행을 확인할 수 있는 트랜잭션: Genesis Block 〈https://www.blockchain.com/explorer/blocks/btc/000000000019d6689c085ae165831e934ff763ae46a2a6c172b3f1b60a8ce26f〉

전통적인 은행 모델은 관여 당사자(the parties involved)와 신뢰받는 제3자의 정보 접근을 제한해 일정 수준의 프라이버시를 달성한다. 모든 거래를 공개할 필요성에 따라 이 방식을 배제하되, 공개 시 익명성을 보존해 다른 장소에서 정보의 흐름을 끊는 것으로 여전히 프라이버시가 유지될 수 있다. 공중(the public)은 누군가가 다른 누군가에게 보내는 금액을 볼 수 있지만, 그 거래에 연결된 누군가에 대한 정보는 볼 수 없다. 이는 증권거래소에서 공개되는 정보 수준과 비슷하게, 개별 거래 시각과 규모를 나타내는 "테이프(tape)"는 공개되지만, 그 거래 당사자가 누구인지는 알지 못하는 것이다.

전통적 프라이버시 모델

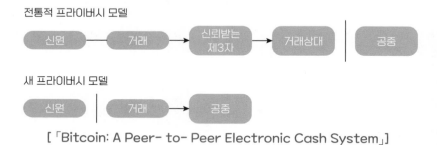

새 프라이버시 모델

[「Bitcoin: A Peer- to- Peer Electronic Cash System」]

그러나 우리나라 금융 당국은 가상자산과 블록체인 기술의 장점보다는 거래의 익명성을 이용한 조세회피수단·범죄수익 은닉·자금세탁 등 금융범죄의 수단으로 활용될 수 있는 가능성에 주목하며, 불법적인 행위의 도구로 인식하는 등 다소 부정적인 시각을 견지해 왔다.

이러한 현상으로 인하여 그동안 가상자산은 화폐나 증권과 같이 금융제도에 편입시킬 수 있는 대상으로 인정되지 않았으며, 가상자산을 발행하는 ICO(Initial Coin Offering)[3] 등도 엄격하게 금지[4]되어 왔다.

가상자산에 대한 정부의 견해는 2017년 9월 4일 공개된 금융위원회

3　주식 상장을 위한 기업공개(Initial Public Offering)와 유사하나, 이를 규정하고 관리하는 법률 또는 기관의 개입 없이 발행자의 백서(White Paper) 공개를 통해 초기 투자자를 모집한다. 이 과정에서 투자금은 특정 가상자산주소로 이전되게 되는데, 이때 모집된 자금을 편취하는 등의 사건이 발생하기도 한다

4　[보도자료] 기관별 추진현황 점검을 위한 「가상통화 관계기관 합동TF」, 금융위원회, 2017.9.29.

의 보도자료[5]에서 확인할 수 있다. 당시 가상자산과 관련한 불법거래나 사기범죄 등의 피해가 증가하고 있었으며, 가상자산이 '교환의 매개'로 개발되었음에도 본연의 기능보다 높은 변동성 등을 통해 투기의 수단으로 활용되는 것이 우려되는 바, 대응이 불가피하다고 밝혔다.

정부는 가상자산 등장의 주요 배경을 ① 2008년 글로벌 금융위기 이후 기존 금융제도에 대한 불신·반감으로 나타난 반작용의 영향 및 ② ICT 발전에 따른 핀테크 등 새로운 첨단기술에 대한 기대, ③ 저금리·저성장 기조에 투자처가 마땅치 않은 상황에서 등장한 '새로운 투자 대안'으로 보았으며 가상자산의 성격 및 효용에 대해 균형적인 관점에서 분석·평가하고 규제·감독 필요성 여부를 검토할 필요성에 대해 언급하였다.

또한 가상자산이 요건상 화폐 및 통화와 구별되는 점을 열거하며 "가상통화는 블록체인에 기반하여 '가치를 전자적으로 표시한 것'으로, 현 시점에서 화폐나 통화로 보기 어려우며 '가상통화'라는 용어도 법정통화, 화폐라는 인식을 가져오므로 신중할 필요"가 있다고 보았다.

전통적인 금융거래는 반드시 신뢰받는 제3자의 개입이 필요하다. 특히 우리나라는 화폐의 발행과 관련한 사항을 「한국은행법」 제47조를 통해 "화폐의 발행권은 한국은행만이 가진다."라고 명시하는 등 매우 엄격하게 규정하고 있기 때문에, 정부의 통제를 벗어나 있으며 그 실체와 원리가 명확히 드러나지 않은 가상자산이라는 존재는 다소 부정적인 시각에서 인식될 수밖에 없는 상황이었을 것으로 판단된다.

그러나 새로운 지급결제 수단 또는 자금 조달을 위한 새로운 유형의 등장과 거래에 대응하기 위해서는 그 위험성에 집중하여 금지하는 방법

---

5 [보도자료] 「가상통화 관계기관 합동TF」 개최 - 가상통화 현황 및 대응방향, 금융위원회, 2017.9.4.

외에도 ① 현행 법제의 수용 여부 및 ② 제도적 기반의 구축 검토를 통해 이에 따른 피해 경감과 예방, 적극적인 리스크의 관리 방안 등 합법적인 시장으로서의 성장 가능성을 가늠해 보는 연구도 필요하다.

당시 학계에서는 가상자산의 다양한 위험에 대한 우려와 기대, 법적 장치의 필요성에 대한 논의가 진행되고 있었으나 정부는 적극적인 행보를 보이고 있지 않았다. 다만, 가상자산의 리스크 관리를 위하여 ① 가상통화 실명제의 실시, ② 금융정보분석원과 금감원의 합동 은행권 현장점검 실시, ③ 가상통화 취급업소에 대한 은행의 자금세탁방지 의무 강화 등의 조치 등의 조치와 함께 "가상통화 관련 자금세탁방지 가이드라인"[6]을 발표하여 운영하였다.

가상자산 규제에 대한 논의가 급격히 진행된 계기는 2018년 10월 국제 자금세탁방지기구인 FATF(Financial Action Task Force)의 권고사항[7] 개정안 채택이다. 특히 권고사항15는 새로운 기법, 즉 신기술과 관련된 금융상품·업무의 취급 등을 개시하기 이전에 자금세탁 또는 테러자금조달과 관련한 위험평가 및 위험 경감조치 등을 요구하고 있다.

---

6 [보도자료] 가상통화 투기근절을 위한 특별대책중 금융부문 대책 시행, 금융위원회, 2018.1.23.

7 https://www.fatf- gafi.org/en/publications/Fatfrecommendations/Fatf-recommendations.html

15. New technologies

Countries and financial institutions should identify and assess the money laundering or terrorist financing risks that may arise in relation to (a) the development of new products and new business practices, including new delivery mechanisms, and (b) the use of new or developing technologies for both new and pre-existing products. In the case of financial institutions, such a risk assessment should take place prior to the launch of the new products, business practices or the use of new or developing technologies. They should take appropriate measures to manage and mitigate those risks.

To manage and mitigate the risks emerging from virtual assets, countries should ensure that virtual asset service providers are regulated for AML/CFT purposes, and licensed or registered and subject to effective systems for monitoring and ensuring compliance with the relevant measures called for in the FATF Recommendations.

[FATF Recommendations]

FATF 회원국은 권고사항을 정책 등에 적용하여야 하기 때문에 권고사항의 개정은 「특정금융거래정보의 보고 및 이용 등에 관한 법률」(이하 '특정금융정보법') 개정에 결정적인 역할을 하게 되었다.

이러한 국제 동향의 변화와 자금세탁방지·투자자 보호를 위한 지속적인 법제화 필요성에 따라 2020년 3월 특정금융정보법이 개정되었고, 2021년 3월부터 국내에서 가상자산과 관련한 행위를 영업으로 하기 위해서는 법에서 정하는 바에 따라 가상자산사업자로 신고수리 및 관련 조치를 취하게 되었다.

그러나 이러한 조치는 가상자산의 규제를 위한 기본법의 제정이 아닌 기존 법령 개정을 통한 자금세탁방지 의무 부과에 불가하다는 한계가 있었다. 이에 따라 국민의힘 윤창현 의원의 발의를 통해 2023년 7월 18일 「가상자산 이용자 보호 등에 관한 법률」이 공포되었으며, 2024년 7월 19일부터 시행되었다.

또한 테라 루나 사태, FTX 사태 등의 발생으로 이용자 보호에 대한 관심이 고조되었으나 기존 특정금융정보법의 한계로 인하여 새로운 법률로서 투자자와 이용자보호에 관한 필요성이 대두되었다. 제21대 국회에서 국민의힘 윤창현 의원 등이 발의한 가상자산 법안이 19건이었고 관련 법안 중 이용자의 자산보호를 중심으로 하는 「가상자산 이용자보호 등에 관한 법률」이 2023년 7월 18일 제정되었으며 2024년 7월 19일부터 시행되었다.

2. 특성

1) 법정통화 및 전자화폐와의 차이

(1) 법정통화

「한국은행법」은 제47조부터 제53조의3을 통해 화폐의 발행, 단위와 통용·권종 등에 관한 사항을 정하고 있다. 한국은행이 발행하는 화폐(이하 '법정통화')는 법화(法貨)로서 모든 거래에 무제한 통용된다. 이처럼 발행에 관한 사항을 법에서 규정하고 있는 법정통화와 달리 가상자산은 비트코인과 같이 발행자를 확인할 수 없거나 개인이 개발 및 유통시키는 등 발행처가 명확하지 않은 바, 중앙은행이 발행하고 보증하는 화폐와는 거리가 멀다.

법정통화의 3가지 기능은 ① 교환의 매개, ② 가치의 척도, ③ 가치의 저장이다. 그러나 정부는 금융위원회의 보도자료[8]를 통해 IMF의 평가('16. 1월)를 인용하며, 가상자산은 ① 지급의 제한, ② 높은 변동성, ③ 불확실한 가치 등으로 화폐의 기능을 충족시키지 못하며 요건상 화폐 및 통화와 구별됨을 명시하였다.

또한 가상자산은 높은 가격 변동성으로 인해 안정적으로 화폐의 기

---

8 각주 5의 보도자료 참고.

능을 수행하기 어려우며, 비트코인의 경우 총량이 제한[9]되어 있기 때문에 수량 정책을 통한 조절이 불가능하다는 점 등 여러 가지 면에서 법정통화의 요건에 부합하지 않는다.

(2) 전자화폐

가상자산이 디지털 신기술(블록체인)을 통하여 발행되었기 때문에 "전자화폐"로 볼 수 있다는 주장도 있다. 그러나 「전자금융거래법」 제2조는 전자화폐를 '이전 가능한 금전적 가치가 전자적 방법으로 저장되어 발행된 증표 또는 그 증표에 관한 정보'로서 다음과 같은 각 호의 요건을 모두 갖춘 것으로 규정하고 있다.

[전자금융거래법 제2조 제15호]

1호	대통령령*이 정하는 기준 이상의 지역 및 가맹점에서 이용될 것 * 영 제4조(전자화폐의 범용성 요건) 　① 2개 이상의 광역지방자치단체 및 500개 이상의 가맹점 　② 5개 업종
2호	제14호 가목*의 요건을 충족할 것 * 발행인 외의 제3자로부터 재화 또는 용역을 구입하고 그 대가를 지급하는 데 　사용될 것
3호	구입할 수 있는 재화 또는 용역의 범위가 5개 업종 이상으로서 대통령령이 정하는 업종 수 이상일 것
4호	현금 또는 예금과 동일한 가치로 교환되어 발행될 것
5호	발행자에 의하여 현금 또는 예금으로 교환이 보장될 것

---

9 비트코인은 약 4년을 주기로 채굴 보상의 50%가 감소하도록 설계되어 있다. 이를 '반으로 나눈다'는 뜻의 반감기(Halvening)라는 용어로 표현하고 있으며, 2140년 채굴이 종료될 것으로 추정된다.

현실적으로 가상자산은 2개 이상의 광역지방자치단체 및 500개 이상의 가맹점 또는 5개 이상의 업종에서의 사용과 현금 또는 예금으로의 교환 보장 등 명시된 조건에 부합하기 어려우며, 이를 통해 전자화폐의 요건에도 부합하지 않는다는 것을 확인할 수 있다.

2) 가상자산의 장점과 단점

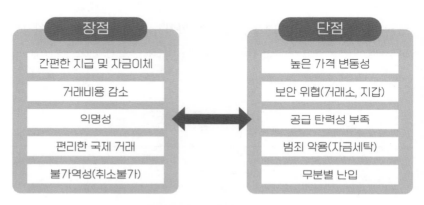

[가상자산의 장점과 단점]

(1) 장점
가상자산의 장점은 대표적으로 간편한 지급 및 자금이체, 거래비용의 감소, 익명성, 편리한 국제 거래, 불가역성(취소불가)이 꼽힌다.

① 편리성: 간편한 지급 및 자금이체와 편리한 국제거래

가상자산 이체는 굉장히 편리하다. 이는 이체 과정을 살펴보면 명확히 느낄 수 있다. 개인이 가상자산을 이체하기 위해 필요한 것은 이체하려는 가상자산의 종류와 사용 네트워크의 일치 여부 확인, 가상자산주

소[10] 정도면 충분하다.

일반적인 금융거래가 금융회사에 실명과 실제 소유자가 확인된 계좌를 개설하고, 지점 내방 또는 별도의 전자금융 이용 신청 절차를 거쳐 상대방의 금융기관명, 계좌번호, 성명까지 확인되어야 가능한 것과 비교하였을 때 굉장히 간단하다. 정확한 가상자산주소만 확보된다면 시간과 공간에 구애받지 않고 24시간 내내, 어디서나 원하는 상대에게 가상자산 이체가 가능한 것이다.

반대로 자금을 이체받는 것 역시 마찬가지로 세계 어느 곳에 있어도 금융회사 내방 등의 절차 없이 짧은 시간에 수취가 가능하다. 이러한 편리성 덕분에 금융 인프라가 부족한 지역에서 가상자산을 이용한 자금의 이체는 송/수취인 모두가 만족할 만한 결과를 가져온다.

② 익명성

기존 금융 시스템이 점차 개인의 금융정보 및 자산에 관한 많은 정보를 요구하는 방향으로 발전하고 있음에 따라, 과다한 정보 제공에 따른 반발을 불러일으킬 수 있다. 가상자산의 익명성은 이러한 니즈를 가진 투자자에게 매력적인 요소가 될 수 있다.

이에 대해 자금세탁·탈세·범죄연루 등의 우려가 제기되고 있으나, 기본적으로 거래는 투명하게 공개하되 소유주에 대한 정보가 확인되지 않는 방식이며 이러한 리스크와 한계점을 해결하기 위해 각국의 금융당국 등은 가상자산사업자의 고객확인과 트래블룰[11] 적용 등을 시행해 보완하고 있다.

---

10 '지갑주소'라 부르기도 한다.
11 전통적인 금융권의 국제은행간통신협회(SWIFT) 제도와 유사한 것으로, 가상자산 전송 시 가상자산사업자가 송·수취인의 정보를 제공 및 보관하는 것을 말한다. 우리나라에서는 '22.3.25일부터 법으로 시행되었으며, 대표적인 솔루션 업체로는 CODE와 VerifyVASP가 있다.

(2) 단점

단점으로는 높은 가격 변동성과 보안 위협, 범죄 악용을 들 수 있다. 각각을 간략하게 살펴보면 다음과 같다.

① 가격 변동성

우선, 가상자산은 동일한 종류여도 거래소마다 가격이 다를 수 있다. 이 때문에 특정 가격을 기준으로 삼기에는 신뢰성이 부족하다는 문제가 있을 수 있으나, 일반적으로 코인마켓캡[12] 사이트를 통해 가상자산과 관련한 사항들을 확인할 수 있다. 해당 사이트는 전 세계의 가상자산 정보가 집중되는 곳으로 현재로서는 가장 공신력 있는 사이트이며, 가상자산의 시가총액·시세·투자정보 등을 확인할 수 있다.

비트코인을 예로 들자면 최근 1년간('23.2.27~'24.2.26.)의 가격은 최저 26,660,716원('23.3.11.) 최고 69,742,397원('24.2.21.)으로 확인된다. 두 금액의 차이는 43,081,681원으로, 1년 사이에 약 261% 상승하였다.

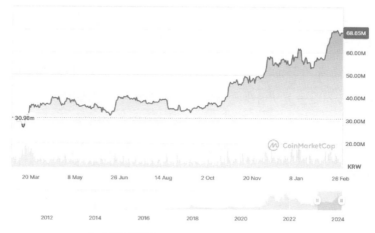

[코인마켓캡 – 비트코인의 가격 변동]

---

12 〈https://coinmarketcap.com/ko/〉

가장 안정적인 움직임을 갖고 있다고 평해지는 비트코인의 가격에서도 확인되는 엄청난 변동폭은 주식 등 일반적인 투자 환경과는 결이 다르다. 흔히 비트코인(가상자산)은 '내재적 가치'를 지니지 못하고 있다고 평한다. 주식의 IPO와 같이 투자 기준을 정립할 수 있는 근거가 없기 때문이다. 그럼에도 불구하고 비트코인에는 전 세계 수많은 사람들이 투자하고 있으며, 그 바탕에는 궁극적인 가격 상승에 기대하는 심리적인 요인이 크다.

나아가 비트코인의 가격은 알트코인(Alt-coin)[13]의 가격에도 영향을 미친다. 비트코인의 최소 단위는 이를 1억분의 1로 나눈 0.00000001개이며, 이를 '1사토시'라 칭한다. 알트코인의 가격은 기본적으로 이 사토시 단위로 표기된다. 즉, 비트코인이 다른 가상자산의 기준이자, 기축통화의 역할을 하고 있는 것이다.

결론적으로 비트코인의 상승과 하락은 같은 1사토시의 가상자산을 1원으로도 10원으로도 만들 수 있으며, 이는 투자의 안정성을 유지하는 데 부정적인 요인이 될 수 있다.

② 보안 위협: 해킹

해킹은 가상자산거래소에 보관된 가상자산을 탈취하는 경우와 개인 등 특정 가상자산주소(또는 지갑)를 대상으로 재산상의 침해를 가져오는 것이다.

가상자산주소 해킹의 핵심은 가상자산주소 전체에 접근할 수 있는 시드구문[14] 또는 특정 가상자산주소에 접근할 수 있는 프라이빗키를 훔

---

13 Alternative-Coin. 일반적으로 줄여서 알트코인이라 읽으며, 비트코인 외의 가상자산을 지칭하는 말. 이더리움(Ethereum)도 알트코인으로 분류된다.

14 비밀복구구문이라고도 하며, 계정을 백업하거나 복구하는 데 사용된다. 주로 연관성이 없는 불특정 단어(메타마스크의 경우 12개)의 나열로 표기되며, 가상자산 이용자들은 이러

치는 것에 있다. 해커들은 이러한 정보를 이용하여 피해자의 자산을 범죄 목적으로 생성된 가상자산주소로 이체하는 방식으로 탈취한다.

마운트곡스[15]의 해킹 사태가 대표적인 사례이며, 해킹을 방지하기 위해서는 인터넷과 단절되어 있고 필요시에만 연결하는 콜드월렛[16]의 사용이 추천된다.

Ledger Nano X

[콜드월렛: 렛저나노 & 디센트[17]]

③ 익명성과 범죄 악용

가상자산의 최대의 단점은 범죄에 악용되어 자금세탁에 이용될 수 있다는 것이다. 정부 및 금융회사의 입장에서 익명성과 국경을 초월한

한 시드구문을 종이에 적어 보관하기도 한다.

15 2010년 7월에 설립된 일본의 가상자산거래소이다. 해킹 사건으로 인해 2014년 2월 26일 파산신청을 하였다.

16 인터넷과 연결되어 있는 지갑(가상자산주소)를 핫월렛, 인터넷과 연결되지 않은 오프라인 지갑을 콜드월렛이라 한다. 거래소의 가상자산주소 또는 메타마스크와 같은 지갑 서비스 등이 핫월렛이며, 콜드월렛은 종이 또는 USB의 형태가 많으나 최근에는 블루투스를 통한 무선 연결이 가능한 제품도 출시되고 있다.

17 렛저나노: https://www.ledgerkorea.co.kr/
디센트: https://dcentwallet.com/

가상자산 이체[18]의 편리함은 거래 투명성 확보의 한계 및 범죄 관련 자금의 연루 가능성을 증가시키는 등 리스크 통제 관점에서 볼 때 상당히 부담되는 부분이다.

우선, 익명성은 이해 주체에 따라 이용자에게는 분명한 장점이나 정부 및 금융회사 등에게는 경감시켜야 할 리스크로 여겨진다. 우리나라는 가상자산사업자에게 자금세탁방지 의무를 부여하고, 고객확인, 금융회사와의 실명계정 계약, 트래블룰 등의 시행 등의 조치를 취하고 있으나 해외 거래소로의 가상자산 이체는 1차적인 확인 이후의 거래 등에 대해 온전히 파악하는 것에는 한계가 있다.

또한 범죄 연루와 관련하여 가상자산을 통한 범죄수익이 은닉이나 세탁되는 것을 방지하기 위해 가상자산사업자의 자금세탁의무 이행에 따른 STR(의심거래보고) 프로세스와 수사기관의 압수수색영장 등의 접수 건의 검토를 통해 보완하고 있다.

3) 가상자산을 얻는 방법

가상자산을 얻는 방법으로는 ① 채굴, ② 가상자산 거래소를 통한 구입, ③ 탈중앙화 거래소를 통한 교환, ④ ICO 참여 등이 있다.

(1) 채굴(Mining)

가상자산은 채굴이라는 작업을 통해 획득할 수 있다. 채굴의 기본적인 방식은 개인이 검증과정에 참여한 대가로 가상자산을 얻는 것이다. 대표적으로 3가지 방식이 알려져 있다.

---

18 예를 들어 이러한 리스크를 사전에 감지하고 통제하기 위한 절차가 없을 경우, 가상자산을 이용한 전쟁국가 또는 테러단체 등으로의 자산 이체와 같은 상황도 발생할 수 있다.

① 작업 증명(POW, Proof of Work)은 채굴자가 컴퓨터를 이용하여 블록 내의 암호를 해독하는 작업을 수행하고, 그 보상으로 가상자산을 얻는 방식이다. 대표적으로 비트코인이 이 방식을 사용하고 있다. 채굴 장비가 고가라는 점과 채굴에 상당한 에너지의 사용이 동반되기 때문에 환경에 대한 부정적인 영향이 꾸준히 지적되고 있다.

비트코인은 4년마다 채굴량이 절반으로 줄어들고, 채굴의 난이도가 증가하는 반감기를 거친다. 최초의 채굴이 이루어진 2009년 1월에는 블록당 50 비트코인을 지급하였으며, 2013년 25 비트코인, 2016년 12.5 비트코인, 2020년에는 6.25비트코인으로 줄어들었다. 비트코인은 수차례의 반감기를 거치며 최종적으로 2140년에 채굴을 중지하도록 설계되어 있다.

[가상자산 채굴장 내부]

② 지분 증명(POS: Proof of Stake)은 POW와 같은 암호 해독 절차 없이, 가상자산의 보유 지분만큼 채굴된 가상자산을 얻는 방식이다. 에이다, 폴카닷 등의 가상자산이 이 방식을 사용하고 있다.

POW 방식과 달리 초기 설비에 투자되는 자금이나 전기 등 과다한 자원의 사용 등을 피할 수 있으나 자금력이 좋은 소수의 채굴자가 특정 가상자산의 전체 지분의 대부분을 보유하고, 보상을 독점하는 등의 문제가 발생할 수 있다는 단점이 있다.

③ 마지막으로 중요도 증명(POI: Proof of Importance)이 있다. POI는 네트워크 참여자의 가상자산 보유와 함께 거래 빈도, 거래량 등에 따른 기여도를 측정하여 높은 기여도를 가진 참여자에게 보상을 지급하는 채굴 방식이다.

이 외에도 하드 디스크의 남은 용량을 쪼개 공유하고, 그 실적에 따라 가상자산을 지급하는 용량증명(POC: Proof of Capacity), 커뮤니티 내 활동을 통해 신뢰도를 쌓아 가장 높은 신뢰도를 가진 노드에게 검증의 권한과 보상을 지급하는 신뢰증명(POB: Proof of Believability) 등이 있으며, 채굴의 방식도 점차 다양해지고 있다.

(2) 가상자산 거래소를 통한 구입

우리나라는 특정금융정보법에 의해 가상자산사업자로 신고수리되어야 가상자산 관련업[19]을 영위할 수 있는 자격이 부여된다. 금융정보분석원(이하 'KoFIU') 홈페이지의 공지사항[20]을 통해 확인되는 가상자산사업자는 2025년 3월 25일 기준 총28개 업체이다.

---

19 ⟨https://www.law.go.kr/lsInfoP.do?lsiSeq=238335&efYd=20211228#0000⟩
20 ⟨https://www.kofiu.go.kr/⟩ → 공지사항 → 가상자산사업자신고현황을 통해 확인 가능하다.

> 하. 가상자산과 관련하여 다음 1)부터 6)까지의 어느 하나에 해당하는 행위를
>   영업으로 하는 자(이하 "가상자산사업자"라 한다)
> 1) 가상자산을 매도, 매수하는 행위
> 2) 가상자산을 다른 가상자산과 교환하는 행위
> 3) 가상자산을 이전하는 행위 중 대통령령으로 정하는 행위
> 4) 가상자산을 보관 또는 관리하는 행위
> 5) 1) 및 2)의 행위를 중개, 알선하거나 대행하는 행위
> 6) 그 밖에 가상자산과 관련하여 자금세탁행위와 공중협박자금조달행위에
>   이용될 가능성이 높은 것으로서 대통령령으로 정하는 행위

가상자산사업자는 법에서 규정하는 업무의 일부 또는 전부를 영위할 수 있으나, 가상자산거래소의 경우 대부분 1)부터 5)까지의 업무 전체가 신고되어 있다.

가상자산거래소는 2가지로 구분되어 운영되고 있다. ① 가상자산을 이용하여 가상자산을 매매하는 거래만 허용되는 코인마켓과 ② 코인마켓과 동일한 거래 및 원화의 입·출금을 통한 가상자산 매매까지 허용되는 원화마켓이 있다. 현재 5개 업체[21]만이 원화마켓으로 신고되어 있다.

---

21   ① 업비트, ② 코빗, ③ 코인원, ④ 빗썸, ⑤ 고팍스.

[우리나라 최초의 가상자산 거래소: 코빗]

자료: 코빗거래소, 국내 가상자산 최초거래 NFT

또한 가상자산 거래와 관련된 상장·거래지원·운영 등과 관련된 사항을 중앙화하여 관리한다는 점에서 중앙화 거래소(CEX, Centralized Exchange)라고 지칭하기도 하며 업비트, 빗썸과 같은 거래소 등이 여기에 포함된다.

중앙화 거래소는 기본적으로 주식 매매와 유사하게 구성된 거래 시스템을 운영하고 있으며 친숙한 시스템을 통해 이용자의 편의 및 정부의 관리 측면에서의 장점이 있으나, 많은 고객 정보 및 자산을 보유함에 따라 해킹의 표적이 되기도 한다.

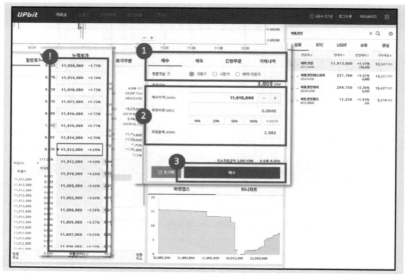

[가상자산 거래 화면: 업비트 거래소[22]]

(3) 탈중앙화 거래소를 통한 거래

가상자산을 이용하는 방법 중에는 중앙화 거래소 외에도 탈중앙화 거래소(DEX, Decentralized Exchange)를 이용하는 방법이 있다. 탈중앙화 거래소는 블록체인 네트워크에서 중개자 없이 하는 개인 간(P2P, Peer-to-Peer) 거래 서비스를 말한다.[23]

탈중앙화 거래소의 거래 내역은 스마트 컨트랙트에 의해 블록체인의 분산원장에 기록되어 거래의 투명성이 높으며, 각 개인이 가상자산을 직접 보관하고 있기 때문에 도난 등의 사고 확률이 낮다. 또한 초기 상장된 가상자산의 매수를 통해 엄청난 수익을 얻는 경우도 종종 발생하기

---

22 업비트 고객센터: 디지털자산 매매 방법(PC).

23 〈https://terms.naver.com/entry.naver?docId=6718137&cid=42346&category Id=42346〉

때문에, 탈중앙화 거래소는 꾸준히 인기를 끌고 있다.

그러나 중앙화 거래소와 비교하여 낮은 거래량으로 인해 가상자산의 가격 변동폭이 크며, 상장 등과 관련한 중개자의 개입이 없기 때문에 소위 스캠코인[24]이 상장될 가능성도 높으나 이에 대한 통제가 어렵다.

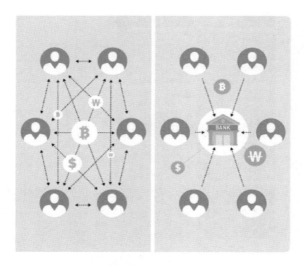

[탈중앙화 거래소(DEX)와 중앙화 거래소(CEX) 비교]

(4) ICO(Initial Coin Offering)[25]

ICO는 가상자산의 발행을 위한 자금을 조달하는 것을 말한다. 인터넷이나 SNS를 통해 전 세계 누구나 쉽게 참여할 수 있어 접근성이 용이하고, 소액으로도 투자가 가능하다는 장점이 있다.

---

24 사기 목적으로 만들어진 가상자산. 주로 투자자를 끌어모아 시가총액이 낮은 가상자산의 가격을 상승시킨 후, 모두 매도하여 이익을 편취한 뒤 잠적하는 등의 방법을 사용한다.
25 윤창현, 황석진 외 5명, 「디지털자산과 규제혁신」, 박영사, 126- 156.

반면 프로젝트 이행 의무의 강제성이 없고 투자금의 운용에 관한 회계 보고 의무가 없으며, 발행하려는 가상자산의 공개 시기 및 발행방식·발행량 등을 개발자와 발행 재단이 임의로 정할 수 있다는 한계가 있다. 주식의 상장 과정인 IPO와는 다음과 같은 차이점을 가진다.

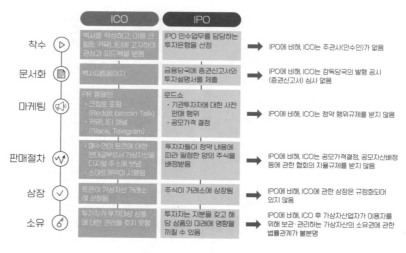

[ICO와 IPO 비교[26]]

자료: bitcoinminershashrate.com, 자본시장연구원

4) 가상자산의 보관

가상자산거래소에 가상자산을 보관하는 경우와 개인지갑 서비스 또는 콜드월렛에 보관하는 방법이 있다. 거래소에 보관할 경우 거래소가 해킹을 당한다면 모든 가상자산을 도난당할 수 있고, 개인지갑에 보관하는 경우 비밀번호 등을 잊어버린다면 더 이상 거래를 할 수 없다는 단점이 있다.

---

26   김갑래, "국내 ICO 시장과 STO시장의 당면 과제와 발전방향", 자본시장연구원, 제6면.

3. 발생 유형 및 사례

1) 수익보장 사기

국민의힘 윤창현 의원이 경찰청으로부터 제출받은 자료에 따르면, 2017년부터 2021년까지 5년간 가상자산 불법 행위 피해 금액은 5조 4,841억 원으로 집계됐다. 그중 70% 이상이 투자사기범죄에 따른 피해액이다.

불법 유사수신 행위와 유사한 사기 형태로, 신규 가상자산 거래소나 신규 가상자산에 투자하면 원금을 보장하고 수익을 낼 수 있다고 속여서 자금을 편취하는 범죄이다. 기존의 불법 유사수신은 상대방을 기망하여 금전을 편취했지만, 금전이 아닌 가상자산을 편취하는 형태로 변화한 것이 특징이다.

2) 해킹: 마운트곡스 해킹 사례

가상자산을 보유하고 있는 거래소를 해킹하거나 악성코드를 심어서 거래소가 보유하고 있는 가상자산을 탈취하는 유형이다. 대표적인 사례는 일본의 가상자산 거래소인 마운트곡스 해킹 사태로, $470억에 달하는 비트코인 약 85만 개가 탈취된 사건이다.

이를 통해 당시 세계 최대 규모를 자랑하던 마운트곡스 거래소가 파산하게 되는 계기가 되었으며, 오랜 시간 답보해 오다가 최근 피해자들에게 배상을 시작할 것을 알린 바 있다.

[거래소 주요 피해 현황]

발생일시	거래소	피해내역	비고
'14. 2.	마운트곡스	$470억 BTC 분실	
'15. 1.	비트스탬프	$500만 BTC 분실	
'16. 8.	비트파이넥스	$7,300만 BTC 도난	
'17. 4.	야피존	55억 원 BTC 도난	
'18. 1.	코인체크	580억 엔 NEM 도난	
'18. 6.	코인레일	400억 펀디엑스 등	
'19. 1.	크립토피아	$1,600만	'19. 5월 파산
'19. 3.	드래곤엑스	$7백만	
'19. 4.	빗썸	$1,300만 유출	
'19. 5.	바이낸스	7,000 BTC 분실	
'19. 6.	비티루	$420만	
'19. 7.	비트포인트	$2,800만	
'19.11.	업비트	$4,900만	
'21. 8.	리퀴드	$9,700만	
'21. 8.	폴리네트워크	$62,500만	
'21.12.	어센덱스	$7,800만	

　　가상자산의 투자가 점차 쉽고 간편해지면서, 인적·물적 투자 규모는 점차 확대되고 있다. 이에 따라 가상자산 해킹범죄도 날로 증가하고 있다. 체이널리시스는 2023년 "가상자산 범죄 보고서"[27]를 통해 2022년 역대 가장 많은 해킹이 발생하였으며, 그 규모가 38억 달러에 달한다고 밝

27　체이널리시스, "2023년 가상자산 범죄보고서", 56- 65.

혔다. 나아가 이러한 탈취자금이 믹싱서비스[28]를 통해 자금세탁 과정을 거친 후, 전 세계의 중앙화 거래소로 이체되는 것에 주목하고 있다.

2016년부터 2022년까지 가상자산 해킹 도난 자금 총액 및 해킹 건수

자료: 체이널리시스, "2023년 가상자산 범죄보고서"

3) 범죄수익 은닉

사법기관의 수사를 방해하고 회피할 목적으로 마약·아동학대물·스캠사기·다크넷 불법도박사이트 등의 범죄 행위를 통해 얻은 수익을 가상자산으로 수취한 후, 다시 믹싱 서비스 등을 이용하여 그 출처를 은닉하는 행위이다.

---

28 가상자산의 트랜잭션 추적을 막기 위해, 거래 내역을 뒤섞어 송수취 기록을 은폐하는 서비스.

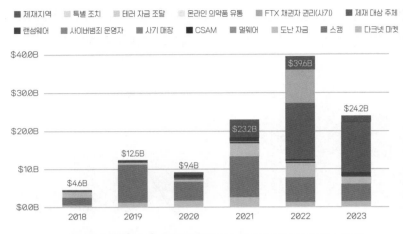

범례:
■ 제재지역 ■ 특별 조치 ■ 테러 자금 조달 ■ 온라인 의약품 유통 ■ FTX 채권자 권리(사기) ■ 제재 대상 주체
■ 랜섬웨어 ■ 사이버범죄 운영자 ■ 사기 매장 ■ CSAM ■ 멀웨어 ■ 도난 자금 ■ 스캠 ■ 다크넷 마켓

2018년부터 2023년까지 불법 주소로 입금된 가상자산 총액

자료: 체이널리시스, "2024년 가상자산 범죄보고서"

4) 러그풀(Rug Pull)[29]

러그풀이란 가상자산 개발자가 프로젝트를 중단하거나 잠적하는 등의 방식으로 투자 자금을 가로채는 행위를 말한다. 양탄자를 잡아당겨 그 위의 사람을 넘어뜨리는 행위에서 유래되었다. 러그풀은 크게 가상자산 프로그램에 악의적인 기능을 삽입하여 이를 이용하는 사기 행위를 의미하는 하드 러그풀과 개발자들이 프로젝트를 방치하거나 투자금을 임의로 사용하는 등 의도적으로 사업을 종료시키는 소프트 러그풀로 나뉜다.

---

29 원대성, "「가상자산 이용자 보호 등에 관한 법률」에 따른 가상자산 불공정거래의 규제와 과제," 증권법연구 24.3 (2023): 41- 89.

5) 로맨스스캠(Romance scam)

SNS 등을 통해 피해자와 거짓으로 연인 관계를 형성하고, 이를 바탕으로 자산을 가짜 거래소에 투자하도록 유도하거나 특정한 가상자산 주소로 송금하게 만들어 탈취하는 형태의 범죄를 말한다. 로맨스스캠의 방법은 다양하나 인스타그램, 링크드인, 텔레그램 등을 통해 외국인이라며 접근하는 경우가 많다.

이후 ① 한국에 오기 위한 여행 비용, ② 물품운송비용·통관비 요청, ③ 본인의 수익을 인증하며 가짜 거래소로의 가상자산 이체를 유도하는 방식이 대표적이다.

로맨스스캠의 증가는 코로나19의 유행을 기점으로 비대면 활동이 증가하고 온라인 데이트 어플이 늘어난 것 등이 주요 원인으로 추정된다. 이를 예방하기 위해서는 SNS를 통해 접근하며 무언가를 요구하거나, 대가 없이 선물 또는 가상자산을 지급받을 수 있다며 URL 접속을 유도하는 사람을 경계하고 연락을 단절하는 등의 주의가 필요하다.

6) 아르바이트: 구매 대행 또는 수수료 수취형

인터넷 구인 사이트 등을 통하여 아르바이트를 모집한 뒤, 가상자산 거래소 가입 및 실명계좌를 연동시킨다. 이후 ① 지속적으로 원화 입금 후 가상자산을 구매하여 지정된 가상자산 주소로 이체하게 하거나, ② 이체된 가상자산을 매도하여 일정 비율(약 10~20%)을 제한 금액을 원화로 송금하게 하는 형태의 범죄이다.

이 과정에서 사용되는 금원은 보이스피싱, 해킹 등 범죄 행위를 통해 형성된 자금일 가능성이 높으며 이 경우 해당 행위에 연루된 구직자는 형사처벌까지 받을 수 있다.

[가상자산 구매 대행 사례[30]]

실제 발생 사례 유형 1

코인 거래 경험이 있던 A씨는 친구로부터 코인 거래 아르바이트를 소개받아 시작함. 회사에서 지시한 가상 자산을 구매해서 15분 안에 지정된 지갑 주소로 보내면 되는 단순 업무로, 1억 원을 거래하면 수수료 100만 원을 받음. 이런 꿀알바를 소개해 준 친구에게 고마워 저녁을 사주려고 은행 ATM기에서 돈을 찾으려고 했는데 알 수 없는 오류 코드가 뜸. 이에 은행에 문의하니 '전기통신금융사기'로 접수되어 계좌에 지급정지 조치를 했다는 충격적인 이야기를 들음.

실제 발생 사례 유형 2

생활고에 시달렸던 B씨는 가상자산 거래소 사이트에 차명인등록 대행만 해주면 420만 원을 당일 지급해 준다는 계정대여 요청 문자 를 받음. 가상자산을 사서 보내 주기만 하면 되는 일이라 어렵지 않다고 판단하여 하기로함. 어디 선가B씨 통장으로 들어온 3억 원으로 가상자산을 매수한 후, 지정해 준 주소로 코인 전송 완료함. 600만 원의 수수료를 받고 이를 인출하기 위해 은행에 갔지만, B씨의 계좌가 보 이스피싱에 연루되어 지급정지되고 졸지에 피싱 범죄자가 됨.

7) NFT(Non- Fungible Token) 사기

NFT 시장의 출현 이후, 이를 활용한 사기 행위가 증가하고 있다. 대표적으로 피싱, 에어드랍, 스캠 링크 제공 등이 있다. 각각을 살펴보면 다음과 같다.

(1) 피싱

NFT의 구매를 위해서는 이를 위한 개인 지갑이 필요하다. 이더리움 계열의 NFT는 주로 메타마스크를 통해 이루어지는데, 아직 많은 가상자산 투자자들은 중앙화 거래소 외의 가상자산 서비스 이용에 어려움을 겪는 경우가 많다. 이를 이용하여 SNS 채팅방 등에서는 도움을 빌미로 고령 투자자 등에게 접근하고, 시드구문 또는 비밀번호·프라이빗키의 정보를 요청하여 가상자산을 탈취한다.

---

30   업비트 투자자 보호 블로그.

(2) 에어드랍

이미 NFT를 이용한 경험이 있는 경우, NFT 마켓에서의 구입 외에도 민팅[31]에 직접 참가하기도 한다. 이 과정에서 특정 NFT 구매에 따른 무료 에어드랍 등의 홍보에 속아 지갑을 연결하거나, 해당 NFT 수취를 위해 클릭하였다가 개인지갑 내 가상자산을 탈취당하기도 한다.

(3) 스캠 링크 공유

앞서 언급했듯, NFT 민팅은 SNS의 오픈채팅 등에서 불특정 다수와 함께 모여 참여하기도 한다. 이때, 정상적인 민팅 사이트를 공유하는 경우도 있으나 이 틈을 이용하여 투자자들에게 비슷하게 제작된 스캠 링크를 공유하고, 지갑 연결을 통해 가상자산을 탈취한다.

8) 랜섬웨어(Ransomware)

일종의 악성코드로, 몸값(Ransom)과 제품(Ware)의 합성어이다. 랜섬웨어는 사용자의 동의 없이 컴퓨터에 설치된 후, 모든 데이터 파일을 암호화하여 잠가버린다. 그리고 이를 해제하기 위한 돈을 요구하는 범죄행위이다. 주요 감염 경로는 ① 이메일(첨부파일), ② 위장 사이트에 개인정보 입력, ③ 저장장치(USB), ④공유 네트워크이다.

---

31 "화폐를 주조하다"라는 뜻의 영단어 mint에서 파생되었다. 주로 오픈채팅방을 통해 민팅 정보가 공유되며, 참여자는 ① 개인 지갑에 민팅에 사용할 가상자산을 이체한 후, ② 정해진 시간에 민팅 사이트에 접속하여 지갑을 연결하고 NFT를 구매한다.

9) 가상자산 관련 신종범죄 유형[32]

가상자산 발행 관련

- (코인 다단계) 가상자산 발행·채굴 사업 등을 빙자하여 다단계 또는 리딩방을 통해 투자금 명목 금원 편취
- (불량코인 발행) 실체 없는 불량 가상자산 발행·판매 빙자 금원 편취

가상자산 상장 관련

- (상장 브로커) 가상자산 발행업자로부터 가상자산 선취매 등 수익을 받고, 거래소 담당자에게 상장 청탁·리베이트(상장FEE) 명목 금품 공여·수수
- (불법 MM* 중개) 가상자산의 인위적 시세 부양을 위해 발행업자와 MM업자를 상호 중개하며 수수료 취득
 * Market Making: 상장 초기 거래 촉진을 위한 유동성 공급에서 나아가 자전거래를 통한 거래량 부풀리기와 목표가격까지 인위적으로 코인 가격을 조작하는 것을 의미

가상자산 불공정거래 관련

- (미공개 중요정보 이용) 시장공개 前 가상자산의 발행, 상장폐지, 호재성·악재성 미공개 중요 정보 이용 재산상 이익 취득
- (가상자산 시세조종) 허위사실 유포, MM 세력 동원 통정·가장매매 등을 통한 가상자산 시세조종으로 재산상 이익 취득
- (사기적 부정거래) 가상자산 백서 중요 사항 거짓 기재·표시하거나 타인의 오해를 막기 위한 표시를 인위적으로 누락한 것을 이용해 재산상 이익 취득

---

32 [부처합동]『가상자산범죄 합동수사단』 출범- 공정하고 투명한 가상자산 생태계 구축을 통한 투자자보호, 금융위원회, 2023.7.26.

가상자산 이용 관련

- (뇌물수수 및 불법 정치자금 조성) 공직자가 추적이 어려운 가상자산으로 뇌물 등 금품 수수, 불법 정치자금 조성
- (조세 포탈) 사기 기타 부정한 방법으로 직계존비속 간 가상자산 증여를 통한 증여세 탈루, 법인 사주가 가상자산을 사적으로 유용하는 등 각종 조세 포탈
- (불법 외환거래) ① 외화로 가상자산 구매·전송·현금화 후 원화로 교환하는 가상자산 환치기, ② '김치프리미엄' 목적으로 가상자산 자금을 무역대금 등으로 위장 불법 외환송금
- (자금세탁 및 해킹) 범죄수익 처분 가장·은닉 시 가상자산 이용, 가상자산 거래소 계정·개인지갑 등 해킹, 악성코드 유포, 가상자산 거래소 가장 피싱·스미싱
- (미신고 거래소 운영) 미신고 가상자산 거래소 운영을 통한 가상자산 거래·보관 수수료 수취, 리딩방 통한 유사수신 및 시세조종 등 불공정거래 행위

4. 관련 법률

1) 법적 이해

미국의 가상자산 입법 규제는 '가치의 디지털 표현'으로 정의하며, 뉴욕 주에서는 '교환의 수단 또는 디지털 방식으로 저장된 가치형태로 사용되는 모든 유형의 디지털 단위'로 본다. 또한 워싱턴 주에서는 가상자산을 '자금과 동등한 가치'에 포함시키고 있는데 이에 따라 뉴욕 남부연방법원은 '비트코인은 물품이나 용역에 대한 지급수단으로 수취되거나 은행계좌로 거래소로부터 직접 매수할 수 있으므로 금전적 자원으로 가능하며 교환수단 및 지급수단으로도 이용될 수 있다'는 판례를 통해 가상자산을 자금의 정의를 총칭하는 것으로 보기도 했다.

이러한 점을 참고하여 볼 때 가상자산이란 '블록체인 기술의 기반 위에서 교환의 수단 또는 디지털 방식으로 저장된 가치형태로 사용되는 모든 유형의 디지털 매체기록으로 존재하는 것'이며 ① 중앙 집중방식 또는 관리자가 존재하는 디지털 단위, ② 분산방식 또는 중앙집중방식에서 관리자가 존재하지 않는 경우, ③ 컴퓨팅 작업이나 개발능력에 의해 생성되거나 발행될 수 있는 경우 등의 요건 중 하나를 갖춘 것으로 판단할 수 있다.

국내에서는 특정금융정보법 제2조 제3호를 통해 가상자산에 대한 정의를 "경제적 가치를 지닌 것으로서 전자적으로 거래 또는 이전될 수 있는 전자적 증표(그에 관한 일체의 권리를 포함한다)를 말한다."라고 명시하였다. 단,[33] 화폐·재화·용역 등으로 교환될 수 없는 전자적 증표 또는 그 증표에 관한 정보로서 발행인이 사용처와 그 용도를 제한 것이나 게임물의 이용을 통하여 획득한 유·무형의 결과물, 선불전자지급수단, 전자등록주식 등, 전자어음, 전자선하증권 등은 제외된다.

또한 2024년 7월부터 시행되는 「가상자산 이용자 보호 등에 관한 법률」(이하 '가상자산 이용자 보호법') 제2조 제1호에서도 특정금융정보법과 동일한 정의를 하고 있다.

2) 가상자산 이용자 보호법[34]

(1) 우리나라 가상자산 법제화 과정

2018년 10월 FATF의 권고사항 개정안 채택은 특정금융정보법 개정에 결정적인 역할을 하게 되었다. 이러한 국제적인 변화와 가상자산과 관련된 침해 사건들의 증가는 지속적인 법제화의 필요성을 주장하는 계

---

33 이하 특정금융정보법 제2조 제1호 각 목. 나목부터 사목은 개별법에 의해 규정된다.
34 2023년 7월 18일 제정, 2024년 7월 19일 시행.

기가 되었다.

당시 가상자산에 대한 입법적 해결 방안으로는 기본법을 신설하는 방법과 「전자금융거래법」 등 해당 업권을 포함하는 기존 법률을 수정·보완하는 일부 개정안이 고려되었다.

이와 함께 ① 관련 법률의 제정은 필요하지만 가상자산 등을 포괄적으로 수용할 수 있는 블록체인 관련 법률을 신설할 것인지, ② 가상자산과 관련된 범위 내에서 법률을 신설할 것인지, ③ 기존 법률을 수정·보완할 것인지, ④ 법령에 명시적인 근거규정을 두지 않고 해외송금·자금세탁방지·과세 등 각 분야별 가이드라인 구축과 하위 규정 정립을 통해 규제할 것인지 등이 논의되었다.

결론적으로 해당 시점에서는 이미 금융회사를 대상으로 운영되고 있으며, 자금세탁의 이슈가 충분히 반영되어 있는 특정금융정보법을 개정[35]하는 방안이 우선적으로 채택되었다.

다만, 가상자산의 특수성을 고려하여 최대한 신속하게 별도의 법안을 마련하고, 단계적으로 보완해 나가는 것이 타당하다는 판단에 따라 특정금융정보법의 개정과 별개로 지연되고 있던 가상자산 기본법에 대한 연구가 시작되었다.

이후 국내 가상자산 시장의 거래 규모와 관련 불법행위는 지속적으로 증가하고 있었고, 결정적으로 국내외 다수의 피해자가 발생한 2022년의 루나-테라 사태[36]는 가상자산 이용자 보호를 위한 법 제정의 필요성을 다시 한 번 확인하는 계기가 되었다.

또한 기존 특정금융정보법이 가상자산사업자에 대한 규제를 담고 있

---

35 2020년 3월 24일 개정되었다.

36 2022년 5월 6일부터 13일 사이에 발생한 사건으로, 불과 일주일 사이에 약 10만 원에 거래되고 있던 루나코인의 가격이 개당 1원 미만까지 폭락한 사건이다. 해당 사건과 관련된 조치는 현재도 지속되고 있다.

으나, 이는 자금세탁방지 업무에 초점을 맞춘 최소한의 범위였으며 이용자의 보호나 가상자산사업자에 대한 감독 또는 처벌 기준 등의 마련이 필요하였다.

「가상자산 이용자 보호법」은 앞서 언급된 상황에 의해 입법 과정에서부터 2단계 입법을 염두에 두고 제정되었다는 특징이 있다.[37] 우선 1단계 입법으로 불공정거래와 이용자자산의 보호와 관련된 입법을 진행하고, 2단계 입법을 통해 기본법의 골자를 마련하기로 방향을 정하였다.

2023년 4월을 기준으로 가상자산 관련 법률안은 총 19개였으며, 제405회 국회(임시회) 제1차 법안심사제1소위원회(2023.4.25.)에서 제출된 19개 법률안을 통합·조정하여 위원회 대안을 제안하게 되었다.[38]

이후 제406회 국회(임시회)를 통해 법안심사제1소위원회가 마련한 대안을 단독으로 위원회안으로 제안·의결하여 2023년 5월 11일 법사위에 회부하였으며, 6월 29일 법사위에서 수정가결된 법률안은 2023년 6월 30일 국회 본회의를 통과하며 국내 가상자산 이용자보호법으로 제정되었다.

(2) 가상자산 이용자 보호법의 주요 내용[39]

① 제1조

가상자산 이용자의 권익보호와 가상자산시장의 건전한 거래질서 확립을 법의 목적으로 함

---

37 이정수. "가상자산 이용자 보호 등에 관한 법률의 법적 의의와 쟁점 및 향후 입법방향." 증권법연구 24.2 (2023): 89-121.

38 윤창현, 황석진 외 5명, 「디지털자산과 규제혁신」, 박영사, 28.

39 윤창현, 황석진 외 5명, 「디지털자산과 규제혁신」, 박영사, 41-43.

② 제2조

가상자산과 관련한 사항은 기존 특정금융정보법의 정의를 참고하되, 한국은행의 발행에 따른 화폐(CBDC) 및 관련 서비스를 가상자산의 범주에서 제외함

③ 제3조 및 제4조

국외에서 이루어진 행위라도 국내에 영향을 미치는 경우, 이 법의 적용을 받도록 하고, 다른 법률에서 특별히 정하는 경우 외에는 이 법에서 정하는 바를 따르도록 명시

④ 제5조

금융위원회는 가상자산과 관련한 사항(가상자산시장 및 가상자산사업자에 대한 정책 및 제도 등)의 자문을 위하여 가상자산 관련 위원회를 설치·운영할 수 있도록 함

⑤ 제6조부터 제9조까지

가상자산 이용자의 자산 보호를 위해 이용자 예치금의 보호·가상자산의 보관·보험의 가입·가상자산거래기록의 생성 및 보존 등에 관한 사항을 규정

- **(이용자 예치금)** 사업자의 고유재산과 분리하여 예치 또는 신탁
- **(가상자산 보관)** 이용자 명부 작성, 자기소유 자산과 분리보관, 동일종목·동일 수량의 가상자산을 실질적으로 보유, 일정비율 이상 콜드월렛 보관(80%)
- **(피해보상)** 해킹·전산장애 등 사고 대비 보험·공제가입 또는 준비금 적립
- **(거래기록 생성·보존)** 거래내용을 추적·확인할 수 있는 기록을 거래관계가 종료한 때부터 15년간 보존(단, 특정금융정보법제5조의4에 따른 정보보유 의무 등 다른 법령에 따른 거래기록 보존의무는 이 법 시행 여부와 관계없이 현재와 동일하게 준수)

---

⑥ 제10조 및 제17조

가상자산 거래의 불공정 행위(미공개 중요정보 이용 행위·시세조종 행위·부정거래 행위 등)를 정의하고 이를 위반한 경우 손해배상책임과 함께 과징금을 부과할 수 있도록 함

- **(불공정거래 행위 금지)** 「자본시장법」 과 유사하게 미공개중요정보이용·시세조종·사기적 부정거래 행위 등을 금지하고, 불공정 거래 위험성이 높은 자기발행 가상자산의 거래를 제한함
- **(불공정거래 행위 손해배상)** 불공정거래행위자의 이용자 손해에 대한 배상책임 명시
- **(과징금)** 불공정거래를 한 자에 대해서는 위반행위로 얻은 이익 또는 회피한 손실액의 2배에 상당하는 과징금*을 부과 가능
  * 위반 행위로 얻은 이익 또는 회피한 손실액을 산정하기 곤란한 경우 40억 이하

---

⑦ 제11조 및 제12조

이용자의 가상자산에 대한 임의적인 입출금 차단을 금지하고, 가상자산사업자가 가상자산시장의 이상거래를 상시 감시하여 적절한 조치를 취할 것과 함께 금융당국에 이를 통보하도록 함

(임의적 입출금 차단 금지)* 사업자가 정당한 사유 없이 이용자의 가상자산 관련 입출금을 차단하는 것을 금지하고, 위반 시 손배책임을 명시

(이상거래 감시) 이상거래를 상시 감시하고, 불공정거래가 의심될 경우 금융당국과 수사기관에 지체없이 통보

---

⑧ 제13조부터 제15조까지

가상자산사업자에 대한 금융당국의 감독·검사에 관한 사항과 불공정행위 등에 대한 조사·조치 권한을 규정

⑨ 제16조

통화신용정책의 수행. 금융안정 및 지급결제제도의 원활한 운영을 위해 필요한 경우 한국은행이 가상자산사업자에게 자료 제출을 요구할 수 있도록 함

⑩ 제19조부터 제21조까지

불공정거래 행위를 한 자에 대한 처벌과 가중처벌에 관한 사항을 규정하고, 징역에 처하는 경우에는 자격정지와 벌금을 병과할 수 있도록 하며, 몰수·추징에 관한 사항과 양벌규정을 규정함

- **(형벌)** 불공정거래 행위를 한 자에 대해서는 1년 이상의 유기징역* 또는 위반행위로 얻은 이익 또는 회피한 손실액**의 3배 이상 5배 이하에 상당하는 벌금을 부과
  * 단, 자기발행 가상자산 거래 제한 위반의 경우에는 10년 이하 징역
  ** 위반행위로 얻은 이익 또는 회피한 손실액, 즉 부당이득에 대한 산정 방식을 총 수입에서 총비용을 공제한 차액으로 법률에 규정

---

⑪ 제22조

불공정거래 행위 외에 이 법에 따른 의무를 위반한 자에 대해서는 1억 원 이하의 과태료를 부과하도록 함

(3) 가상자산 이용자 보호법의 보완 필요성

제정된 가상자산 이용자 보호에 관한 법률은 점진적 입법안에 따라 "이용자 보호"에 초점이 맞춰져 있다. 본질적인 가상자산 또는 가상자산 시장에 대한 의의·규제체제·영업 행위 등에 관한 논의가 필요하다.

가상자산을 규정하는 기본법으로서의 역할을 수행할 수 있도록 입법 과정에서 논의되지 못했던 사항에 대한 충분한 검토가 필요하다. 이러한 필요성에 의해 국회는 11개의 부대 의견을 제시하고, 1차 입법의 시행 (2024.07.19.) 이전까지 적절한 조치와 상임위원회 보고 등을 요구하였다.

① 국회 부대의견[40]

> 가. 금융위원회는 가상자산시장을 개설·운영하는 가상자산사업자가 가상자산의 발행과 유통과정에서 발생시키는 이해상충 문제를 해소하기 위해 연구용역 등의 방법으로 평가·분석하고 입법의견을 포함한 개선방안을 마련
>
> 나. 금융위원회는 스테이블 코인(증권형 토큰, 유틸리티 토큰 등을 포함)에 대한 규율체계를 확립하며, 가상자산평가업 및 자문업·공시업 등에 대한 규율체계를 마련하고, 신뢰성 있고 합리적으로 디지털자산 정보를 제공하는 통합전산 시스템(통합시세 및 통합공시 등)을 구축·운영할 수 있는 방안과 사고 발생 시 「전자금융거래법」과 유사하게 입증책임의 전환 규정을 마련하기 위해 연구용역 등의 방법을 통해 입법의견을 포함한 대책을 마련
>
> 다. 금융위원회는 연구용역 등의 방법을 통해 가상자산사업자의 영업행위 규율에 대한 입법의견을 포함한 개선방안을 마련
>
> 라. 금융위원회와 금융정보분석원은 은행이 자금세탁 위험방지를 위해 자율적으로 운영하고 있는 실명확인 입출금 계정 제도가 자금세탁방지라는 도입 취지에 부합하고 합리적인지를 점검하고 제도개선이 필요한 경우 입법의견을 포함한 개선방안을 검토

---

40   국회 의안정보시스템.

마. 금융위원회와 금융감독원은 가상자산 거래소가 가상자산의 유통량·발행량 등에 대한 통일된 기준을 마련할 수 있도록 지원하고, 그 결과를 보고

바. 금융위원회는 자기 또는 특수관계인이 발행한 가상자산의 거래제한과 관련하여 대통령령 제정 시 가상자산 이용자 보호의 목적이 달성될 수 있도록 가상자산사업자에게 투명한 공시와 엄격한 내부통제 의무를 부과함과 동시에 가상자산의 활용성 확대와 실물경제 융합형 혁신서비스의 출현이 저해되지 않도록 균형 잡힌 규정을 마련

사. 금융위원회는 가상자산 이용자 보호와 불공정거래행위 금지를 위한 법률의 실효성 있는 집행이 이루어질 수 있도록 대통령령으로 가상자산사업자에 대한 검사권을 금융감독원장에 위탁하는 내용을 포함하는 규정을 마련

아. 금융위원회와 금융감독원은 가상자산 관련 자율협의기구 등을 통해 가상자산거래소 공통의 가상자산 상장과 관련한 내부통제와 투명한 절차가 마련될 수 있도록 지원

(4) 하위법 제정: 시행령 및 감독규정 제정안 입법 예고[41]

① CBDC와 연계되는 예금 토큰, NFT 등 「가상자산 이용자 보호법」 적용이 배제되는 대상을 추가
 - 전자채권·모바일 상품권·CBDC네트워크에서 발행되는 예금 토큰을 가상자산의 범위에서 제외
 - NFT는 주로 수집 목적으로 거래되는 바, 리스크가 제한적이므로 제외. 단, 명칭이 NFT라고 하더라도 대량 발행·상호 대체가 가능한 방식으로 거래되는 등 지급수단으로 사용 가능한 경우 가상자산에 포함됨

② 이용자 예치금 관리기관과 운용방법을 규정
 - 법에서 위임된 관리기관의 범위와 관리 방법과 관련하여 금융회사의 공신력과 안정성, 현행 체계 등을 고려하여 은행으로 정함

41 [보도자료] 「가상자산 이용자 보호 등에 관한 법률」의 시행령 및 감독규정 제정안 입법예고 실시, 금융위원회. 2023.12.08.

- 은행은 예치 또는 신탁 받은 이용자의 예치금을 자기 자산과 구분하여 운용할 수 있음(국채증권·지방채증권의 매수, 정부·지자체가 지급 보증하는 채무증권의 매수 등 안전한 자산에 한함)

③ 이용자 가상자산을 콜드월렛에 80% 이상 보관
- 현재 ISMS 인증의 획득 기준은 전체 수량의 70%이나, 시행령 및 규정은 이를 강화하여 이용자 가상자산 경제적 가치*의 80%로 상향
* 가상자산의 종류별 총 수량에 최근 1년간 1일 평균 원화환산액을 곱한 금액의 총합

④ 해킹·전산장애 등 사고에 따른 책임을 이행하기 위한 보험·공제 가입 또는 준비금 적립 기준을 마련
- 보험·공제 가입 시 보상한도 및 준비금 적립액의 기준은 핫월렛에 보관중인 가상자산의 경제적 가치
- 가상자산사업자는 핫월렛에 보관중인 경제적 가치의 5% 이상을 보상한도로 보험에 가입하거나 준비금으로 적립하여야 함

⑤ 미공개 중요정보가 공개되어 내부자거래가 가능한 시점을 가상자산의 특성에 맞게 규정
- 미공개 중요정보이용에 관한 사항은 「자본시장법」을 따르고 있으나, 가상자산시장은 공시체계가 마련되어 있지 않은 상황으로 별도의 기준을 정하여 공개여부를 판단
- 가상자산사업자가 가상자산거래소에 중요정보를 공개한 경우, 정보공개 후 6시간이 경과하면 정보가 공개된 것으로 간주. 단, 정보공개의 주체는 가상자산사업자로 제한하며, 24시간 거래되는 가상자산 시장을 고려하여 18시를 경과하여 공개된 경우에는 익일 오전 9시가 경과한 때에 공개된 것으로 간주
- 가상자산 발행자 등이 가상자산 백서를 공개한 홈페이지 등에 중요정보가 공개된 경우, 1일이 경과한 때에 공개된 것으로 간주. 단, 최근 6개월 동안 가상자산에 대한 중요정보가 지속적으로 게재된 경우만 인정

⑥ 이용자의 가상자산에 관한 임의적 입·출금 차단을 원칙적으로 금지하고, 예외적으로 입·출금 차단이 허용되는 경우를 규정

- 입·출금 차단이 허용되는 정당한 사유는 가상자산 관련 정보시스템 등에 전산장애가 발생한 경우·법원 등(수사기관·국세청·금융당국 등)에서 관련 법령에 따라 요청한 경우·해킹 등 사고가 발생하였거나 발생할 것이 명백한 경우 등

⑦ 가상자산거래소에 대해 이상거래 감시의무를 부과하고, 불공정거래 행위에 대한 과징금 부과절차를 마련
- 가상자산거래소는 가상자산의 가격이나 거래량에 뚜렷한 변동이 있거나 가상자산의 가격 등에 영향을 미칠 수 있는 풍문 또는 보도 등이 있는 경우 이상거래를 상시 감시하여야 함
- 불공정거래 행위에 해당한다고 의심되는 경우는 금융위원회 및 금융감독원에 즉시 통보하고, 혐의가 충분히 증명된 경우에는 지체없이 수사기관에 신고
- 금융위원회와 금융감독원은 불공정거래행위 등의 혐의가 발견된 경우 금융위원회의 의결을 거쳐 수사기관에 고발 또는 통보하고, 검찰의 처분 결과에 따라 과징금을 부과할 예정(단, 고발 또는 통보 후 1년이 경과한 경우에는 처분결과 확정 이전에도 과징금 부과가 가능함)

제
/
4
/
장

유사수신범죄

제4장

유사수신범죄

1. 개념

유사수신범죄는 정부로부터 인가, 허가, 등록, 신고되지 않은 불법 자금 모집업체에서 정상적인 영업으로는 고수익이 발생할 수 없음에도 제도권 금융회사보다 월등히 높은 확정 수익금의 지급을 약정한 후 자금을 수신하여 편취하는 등 불특정 다수인으로부터 자금을 조달하는 것을 업으로 하는 행위로 대표적인 금융범죄이다.

1) 국내

국내에서 발생한 첫 유사수신은 부산 삼부파이낸스사 사태이다. 1995년 국내 파이낸스사는 전국 17개였다가 금융기관 자율화 조치로 1995년 6월 전국 600여 개로 증가하여 사회적 문제 발생이 우려됐다.

1999년 9월 삼부파이낸스 회장이 횡령혐의로 구속되었는데, 피해자 6,532명, 피해금액 2천 300억 원 상당의 대규모 피해가 일어난 사건이었다.

2) 미국

미국의 폰지 사기(Ponzi Scheme/Pyramid Scheme)는 실제 아무런 이윤 창출 없이 투자자들이 투자한 돈을 이용해 투자자들에게 수익을 지급하는 방식으로 단기간에 고수익을 보장해 준다고 약정하여 투자금을 편취한 사건이다.

1920년대 찰스 폰지(Charles Ponzi)가 벌인 사기 행각에서 유례되었다. 찰스 폰지는 이탈리아인으로 1919년 국제우편 요금을 지불하는 대체수단인 국제 우편쿠폰이 당시 제1차 세계대전을 겪으면서 크게 변한 환율을 적용하지 않고 전쟁 전의 환율로 교환된 점에 착안하여 해외에서 이를 대량으로 매입한 뒤 미국에서 유통시켜 차익을 얻는 사업을 구상했다. 폰지는 45일 후 원금의 50%, 90일 후 원금의 100%에 이르는 수익을 지급할 것을 약속하고 투자자를 모집했고, 투자자들은 약정된 수익금이 지급되자 재투자를 하는 한편 자신의 지인을 2차 투자자로 모집하게 됐다. 이 소문이 미국 전역에 퍼져 더 많은 투자자들이 모여들어 투자 총액이 몇 달 만에 막대한 규모로 불어났다. 폰지는 몇 개월 만에 무일푼에서 갑부가 되었을 뿐 아니라 언론의 스포트라이트를 받는 명사가 됐다.

3) 일본

일본의 네즈미강은 쥐가 새끼를 치듯이 수가 기하급수적으로 급격히 늘어난 서산식(鼠算式)으로 확대시키는 것을 조건으로 하여 가입자에 대해 가입금 이상의 금전이나 기타 경제적 이익을 주는 일종의 금융조직을 말하는데, 다단계 판매보다 오랜 역사를 가진 일본의 전통적인 제도이다.

2. 발생원인

유사수신 범죄 발생원인으로는 세 가지로 나눌 수 있다.

첫 번째, IMF 사태 이후 구조조정으로 직장을 잃은 서민들의 수익감소였다. 단기간에 높은 수익을 얻을 수 있는 투자처가 절실했던 서민들은 유사수신범죄에 취약한 상황이었다.

두 번째, 주식시장이 급등하여 단기간에 고수익을 기대하며 투자대상 업체를 맹신했고 검토가 부족했다.

세 번째, 유사수신업체는 비제도권의 상법상 일반 주식회사로 관할당국의 관리와 감독이 부재했다.

3. 특성

1) 정상적인 투자로는 도저히 얻을 수 없는 단기간 고수익을 확정적 보장했다.
2) 투자자 모집에 따른 수당지급 체계를 갖추고 있었다. (무한 하방 확장성)
3) 선순위 투자자들에게 지급한 약정한 고수익은 후순위 주자자들의 자금이었다.
4) 사업의 실체성이 없이 발생하는 수입금이 없거나 미미하여 필연적으로 도산할 수밖에 없는 구조였다.

4. 관련 법률

금융사기범죄란 금융거래 주체가 진정한 자금 상태를 기망, 조작하여 금융거래에서 요구되는 신용, 신뢰를 위반하고 재산적 이득을 취하는 행위로써 금융거래주체 상호 간의 신용 및 신뢰와 금융거래의 안전을 침해하고 궁극적으로는 국민경제질서를 위해하는 범죄로 정의할 수 있는데 "유사수신"이라는 새로운 형태의 금융사기범죄가 대규모 서민 금융 피해를 야기하여 이를 규제하고자 「유사수신행위의 규제에 관한 법률」을 제정하게 됐다.

또한, 유사수신은 「형법」상 사기죄 적용이 어려운 부분이 존재했다.

1) 금융거래의 투기적 성격으로 투자위험이 용인된다는 점(손실발생의 책임)
2) 투자의 성격상 시세전망과 가치판단이 기망의 대상인 점(사기죄의 행위 태양.)
3) 외부적 투자환경 요소의 악화로 인한 투자원리금 지급중단의 경우(사기죄의 고의 입증.)

5. 피해현황 및 사례

2024년 금융감독원은 불법사금융 상담, 신고 현황을 발표했다. 불법사금융 부문에서는 전년 대비 고금리, 미등록대부가 큰 폭으로 증가하였다.

[불법사금융 상담·신고 접수]

구분	불법대부					유사수신	합계
	미등록 대부	고금리	채권추심	불법광고	불법 수수료		
유형별 피해(우려) 신고·상담 현황(단위: 건, %)							
'22년	4,617	3,216	1,109	1,202	206	563	10,913
'23년	5,009	3,472	1,985	1,812	606	867	13,751
증감	+392	+256	+876	+610	+400	+304	2,838
(증감율)	(+8.5)	(+8.0)	(+79.0)	(+50.7)	(+194.2)	(+54.0)	(+26.0)

자료: 금융감독원

1) 주요흐름도

2) 주요 유형(금융감독원 발표내용을 참조)

가. 소비자에게 생소한 첨단 금융기법 사칭

P2P 금융은 온라인 플랫폼을 통해 투자자와 자금이 필요한 개인이나 중소기업을 연결해 주는 역할을 하며 대출형, 후원형, 증권형(크라우드펀딩) 등 세 가지 형태가 있다.

첫 번째, 매입보증 등을 미끼로 투자원금을 보장한다고 주장한다. P2P 금융을 통해 대출받은 업체의 부동산이나 동산을 담보로 설정하고, 이 업체가 부실화되더라도 대출채권을 다시 매입하는 제도(소위 '매입보증')가 있어 투자원금의 손실이 없다고 거짓 선전하는 유형이다.

두 번째, 높은 수익률을 제시한다. 저성장 기조하에 통상적인 투자수익보다 높은 수익을 원하는 사람들의 심리를 악용하여 P2P 금융에 투자하면 높은 수익률(예: 연 15%)을 보장한다고 투자자를 유인하는 유형이다.

세 번째, 정식 등록업체인 것처럼 ○○ 펀딩이라는 명칭을 사용한다. 새로운 금융업체로 등록된 것처럼 <○○펀딩>, <○○○크라우드펀딩>이라는 명칭을 사용해 사람들을 속이는 것이다.

하지만 자본시장법에 따라 증권형 크라우드펀딩 업체는 모두 금융위에 등록해야 하며, 등록을 하지 않은 크라우드 펀딩업체는 3년 이하의 징역 또는 1억 원 이하의 벌금에 처해진다. 2025년 3월을 기준으로 금융위에 등록된 곳은 11곳이다.

[P2P금융 사칭 실제 사례]

【(주) OO사례】
대출업체의 부동산을 담보로 설정한다고 하면서, "매입보증제도"를 내세워 대출업체의 부실이 발생해도 부실채권을 다시 매입해 주기 때문에 투자자가 투자한 원금은 절대 손해가 발생하지 않는다고 거짓 주장하고, "원금보장의 안정성과 연 15%의 수익을 약정지급"한다고 호도하며 불특정 다수인을 상대로 자금을 모집

【OO펀딩 사례】
대출업체의 동산을 담보로 설정한다고 하였으나, 처음부터 약속한 동산 담보를 설정하지 않거나 가치가 없음에도 명목상 담보를 설정하는 등의 방법으로 투자자에게 투자원금의 보장과 함께 연 12%의 수익률을 보장해 줄 수 있다고 거짓 주장하면서 불법적으로 자금을 모집

【OO크라우드 펀딩 사례】
기부 프로젝트를 한다고 하면서, 기부를 통해 서로의 꿈을 이끌어 주는 "OO O크라우드펀딩"은 일명 "25만 원으로 35억 원 만들기 프로젝트"라고 한 후, 투자자 1명당 하위 투자자 2명을 추천하여 7단계까지 진행되면 2개월 만에 최대 35억 원까지 기부 혜택을 받을 수 있다고 주장하면서 자금을 모집

자료: 금융감독원

나. FX 마진거래

FX 마진거래는 자본시장법상 장내파생상품으로 미국선물협회의 규정 또는 일본의 상품거래소법 등에 따라 장외에서 이루어지는 외국환거래로서, 표준화된 계약단위(100,000단위), 소액의 증거금(거래대금의 5%) 등을 적용, 이종통화 간 환율 변동을 이용하여 시세차익을 추구하는 거래이다.

자본시장법상 개인은 국내 투자중개업자를 경유해 FX 마진거래를 진행해야 하며, 해외 금융투자업자와 직접 거래하는 것은 불법이다.

불법거래는 블로그·카페 등 인터넷 커뮤니티와 불법 투자방 등을 통해 해외 금융투자업자를 소개(해외업자, 접속방식, 계좌개설 방법 등을 소개)받는 방식으로 진행하며, 불법거래 권유·소개자(인터넷 사이트·투자방 운영자 등)는 해외 금융투자업자로부터의 리베이트(모집계약수 또는 거래금액에 따라 리베이트 수취)를 노리고 직접거래를 유인한다.

직접거래 중에는 현지 무자격 금융투자업자와의 거래도 있어 향후 투자자금 회수곤란 사례 발생 가능성이 있다.

파생상품투자중개업자를 거치지 않은 FX 마진거래는 자본시장법 및 외국환거래법령(불법송금)상 불법이며, FX 마진거래는 모두 파생거래에 해당하므로 FX 마진거래를 권유·알선하는 행위(인터넷 사이트·투자방 운영 등)는 무허가 파생상품중개업으로 예외 없이 처벌 대상이 된다.

[유사수신 사례]

【FX 마진거래 불법 유사수신】

A씨는 금융투자회사에 107개의 계좌를 개설, 필요한 예치금(한계좌당 최소 250만 원씩)을 예치한 후 FX 마진거래 투자자 모집

투자자는 소액의 거래대금(50만 원)과 수수료를 내고 A씨 명의로 FX 마진거래를 시작, 자신의 거래대금만큼 손실 발생 시 거래 중단

A씨, 관련 투자자, 관련 금융투자회사는 모두 자본시장법·외국환거래법령·금융실명법 등을 위반(무허가 파생영업·불법송금·차명계좌 등)

자료: 금융투자협회

다. 가상자산 투자

가상자산 투자 열풍에 편승해 가상자산 또는 관련 사업을 빙자하여 가상자산에 익숙하지 않은 투자자를 대상으로 투자 설명회 개최, 다단계 모집 방식으로 원금 및 고수익을 보장한다며 현혹하여 유사수신하는 수법이다.

첫 번째, 가상자산 투자 빙자형이 있다. 자체 개발한 가상자산이 상장 예정이며 투자 시 원금과 고수익이 보장된다고 홍보하여 자금을 모집한 후 편취하는 수법이다.

일부의 경우에는 가상자산이 상장되어 가격이 급등하였다며 허위의 시세 그래프를 보여주는 방식으로 현혹하는 수법(실제로 상장되거나 거래된 가상자산이 아님에도 조작된 시세 그래프를 제시)을 사용한다.

ㅇ 허위 시세 그래프 화면

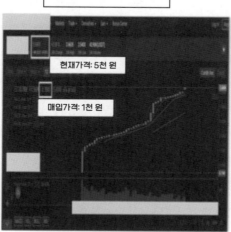

자료: 금융감독원

두 번째, 거래소형은 가상자산 거래소 사업에 투자 시 원금·확정수익 뿐만 아니라 투자자를 유치해 오는 경우 고액의 추천수당을 지급한다면 서 유인한다. 그리고 피해자들이 알아듣기 어려운 전문 용어를 사용하 면서 마치 현행법(특정금융정보법)상 가상자산 거래소 신고 요건 등이 갖 춰진 업체인 것처럼 설명하여 투자금을 유치한 후 이를 편취하는 수법 이다.

세 번째, 투자 일임형은 최신 기법(카피 트레이딩, AI 자동 트레이딩 등)으 로 가상자산을 리스크 없이 거래하므로 투자금을 맡길 시 원금 및 고수 익이 보장된다고 홍보하며 자금을 모집한다. 혹은 투자 정보 단톡방(일 명 코인 리딩방)에서 특정인들을 동원하여 고수익을 올렸다는 허위사실로 회원을 기망하여 투자금을 받아 편취한다.

네 번째, 사업연계형은 콘텐츠 판매 등 유망사업을 추진 중이며 관련 콘텐츠 구매 등에 활용되는 가상자산에 투자 시 사업성장에 따른 이익 분배와 가상자산 가격 상승으로 원금과 고수익을 보장한다며 현혹시키 는 수법과 게임·방송 및 쇼핑몰 등 최신 유행 사업을 빙자하는 경우가 대부분이다. 비즈니스와 가상자산 간의 시너지 효과가 발생해 가상자산 의 가치가 상승할 것임을 강조하며 금원을 편취한다.

다섯 번째, 채굴프로그램 판매형은 최첨단 기술이 적용된 코인을 자 체 개발하였으며 이미 자사 거래소에 상장하여 가격이 상승 중이라며 홍보하고 해당 코인을 채굴해 거래소를 통해 판매하면 원금보장·고수익 이 가능하다며 채굴 패키지 투자를 권유하는 방식으로 자금을 모집하 여 편취하는 수법이다. 개인 투자자의 경우 소액으로 원금과 고수익이 보장되는 채굴기 투자가 가능하다는 점을 강조한다.

라. 플랫폼 사업

MZ세대의 적극적인 재테크 관심을 겨냥하여 재테크, 쉬운 월급 등 소액 투자로 정기적 현금 흐름과 원금·고수익 보장을 약정하여 자금을 유치한 후 조기에는 약속된 금액을 지급하다가 어느 순간 지급 지연 후 잠적하는 수법이다.

첫 번째, NFT 빙자는 온라인상에서 가상의 캐릭터(건물, 의류, 보석 등)를 구입·보유만 해도 가격이 상승한다고 홍보하고 개인 간 거래(P2P)를 통해 원금보장뿐만 아니라 고수익이 발생하는 이른바 '신개념 재테크'라고 광고하며 회원과 자금을 모집하고 사이트 폐쇄 후 잠적하는 수법이다.

두 번째, 광고 분양권을 사용하는 수법이 있다. 광고분양권 구매 시 업체에서 수주한 광고를 클릭만 하면 수익이 발생하고 투자금에 따라 이를 배분해 주며, 일정 기간이 경과되면 수익이 발생한다고 홍보하여 회원과 자금을 모집하여 금원을 편취하는 수법이다.

< 유사수신 행위 Checklist >

제도권 금융회사가 아니면서 원금보장·고수익을 제시하며
다음과 같이 자금을 모집하는 경우 대부분 유사수신에 해당

① 다단계로 투자자를 모집하면서 높은 모집수당을 제시
② 사업내용이 다양하나 실체가 불분명하며, 구체적인 성과 없이 유망한 전망
   만을 제시

---

③ 자동트레이딩 시스템, 재정거래, 마진거래를 통해 리스크 없는 수익이 발생한다고 설명
④ 홈페이지에 회원가입을 해야만 내용을 볼 수 있거나, 연락처(카톡)만 기재
⑤ 본사가 해외에 있어 사업 진행상황 확인이 어렵다고 설명
⑥ 사업설명회에 노인, 부녀자 등 50대 이상 장·노년층 위주 참석
⑦ 문자, 메신저, SNS, 블로그를 통해 홍보하며 투자권유
⑧ 유사수신 등의 피해자 모임에서 추진하거나 피해복구를 위해 진행하는 사업
⑨ 업체명을 밝히지 않거나, 업체명과 다른 명의의 계좌에 입금을 요구

자료: 금융감독원

제

/

5

/

장

전기통신금융
사기범죄

제5장

전기통신금융사기범죄

1. 개념

경찰청이 발표한 전기통신금융사기에 따른 피해 규모는 2021년 30,982건에 7,744억 원, 2022년 21,832건에 5,438억 원, 2023년에 18,902 건에 4,472억 원, 2024년(1월~6월) 10,052건에 3,242억 원이었다.

그러나 이런 범죄의 피해자 구제는 미비하여 금융감독원이 발표한 환급액은 2021년 603억 원, 2022년 379억 원, 2023년 652억 원에 그치고 있고 이 수치는 경찰청이 발표한 대면편취형이 포함되지 않은 채 계좌이체 및 송금만 기준으로 삼았기 때문에 정확한 수치라고는 할 수 없다.

「전기통신금융사기 피해 방지 및 피해금환급에 관한 특별법」(이하 '통신사기피해환급법'이라 한다)에 의해 피해금 전액을 환급받지 못한 경우 피해자는 관련자를 대상으로 민사소송을 통하여 부당이득반환청구가 가능하다. 그러나 해당 계좌에 금원이 없거나 관련자가 재산상으로 대금을 반환할 수 있는 경제적인 여유가 없으면 법을 통하여 피해구제를 받기는 상당히 요원하다.

사기를 저지르는 범죄자의 경우 범죄에 의한 이익과 그에 따른 비용을 비교한 일종의 합리적 선택에 의해 범죄를 저지르게 된다. 즉, 범죄로 인한 편익이 그에 따르는 비용보다 크다고 판단될 때 범죄를 저지르게 된다는 것이다. 또한 이러한 범죄는 체벌에 대한 인식에 의해서도 영향을 받는데, 그 인식의 정도가 크지 않은 경우 범죄를 더 쉽게 저지르게 되며 체벌은 범죄 억제 효과를 가지게 된다.[1]

2006년 5월 18일은 우리나라에서 처음 전기통신금융사기(일명 '보이스 피싱')가 발생한 날이다. 이 날을 기점으로 2024년까지 약 5조 원이 넘는 피해가 발생하였고 매일 13억 이상의 피해와 130여 명 이상의 피해자가 발생하고 있다.

2. 특성

'전기통신금융사기'란 「전기통신기본법」 제2조에 따른 전기통신을 이용하여 불특정 다수인을 기망, 공갈함으로써 재산상의 이익을 취하거나 제3자에게 재산상의 이익을 취하게 하는 행위(①자금을 송금, 이체하도록 하는 행위, ②개인정보를 알아내어 자금을 송금, 이체하는 행위 등)를 말한다.

또한, 전기(인터넷, 메신저)를 통해 자금이체를 요구하여 편취하거나 개인정보를 빼내 자금을 편취하는 행위를 말한다.

---

1 정승민, 인터넷사기의 동향 및 원인에 관한 연구, 한국범죄심리연구 제4권 제2호, 193면, 2008년.

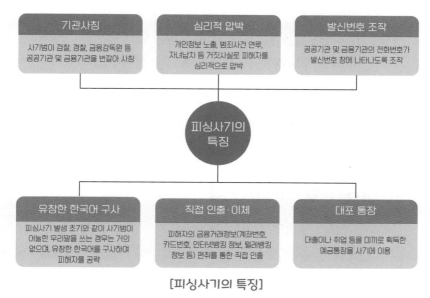

[피싱사기의 특징]

자료: 금융감독원

다만, 재화의 공급 또는 용역의 제공 등을 가장한 행위는 제외하나 대출제공 알선, 중개를 가장한 행위는 포함하고 있다.

○전기통신금융사기 제외대상

1. 재화의 공급 등을 가장한 행위

재화의 공급 등과 관련한 상거래 계약(전자상거래 포함)에서 본인의 의지로 신청 또는 계약을 하여 발생한 사기는 전기통신금융사기에서 제외

→ 물품대금사기, 물품하자 및 계약 불이행 관련 사기, 중고물품 중개사기, 인터넷 쇼핑몰 사기 등

2. 용역의 제공 등을 가장한 행위

통상의 서비스 용역 거래에 있어서 본인의 의지로 신청 또는 계약을 하여 발생하는 사기는 제외

→ 인터넷 게임아이템 사기, 사이버 경매 사기, 사이버 주식 사기 등

3. 비정상적인 재화 공급 또는 용역 제공 등의 행위

불법한 거래와 관련한 재화의 공급 또는 용역의 제공 등은 제외

→ 조건 만남 사기 등

3. 범죄수법[2]

1) 자녀납치 및 사고 빙자 편취

자녀와 부모의 전화번호 등을 사전에 인지하고 있는 사기범이 자녀의 전화번호로 발신자번호를 변조, 부모에게 마치 자녀가 사고 또는 납치 상태인 것처럼 가장하여 부모로부터 자금을 편취하는 수법이다. 학교에 간 자녀 납치 빙자, 군대에 복무 중인 자녀의 사고 빙자, 유학중인 자녀 납치 또는 사고 빙자 등의 유형이 있다.

2) 메신저상에서 지인을 사칭하여 송금을 요구

타인의 인터넷 메신저 아이디와 비밀번호를 해킹하여 로그인한 후 이미 등록되어 있는 가족, 친구 등 지인에게 1:1 대화 또는 쪽지 등을 통해 금전, 교통사고 합의금 등의 긴급자금을 요청하고 피해자가 속아 송금하면 이를 편취하는 유형이다.

3) 인터넷 뱅킹을 이용해 카드론 대금 및 예금 편취

명의도용, 정보유출, 범죄사건 연구 등 명목으로 피해자를 현혹하여 피싱사이트를 통해 신용카드 정보(카드번호, 비밀번호, CVC번호) 및 인터넷

---

2 금융감독원 보이스피싱지킴이.

뱅킹정보(인터넷뱅킹 ID, 비밀번호, 계좌번호, 공인인증서 비밀번호, 보안카드번호 등)를 알아낸 후, 사기범이 ARS 또는 인터넷으로 피해자 명의로 카드론을 받고 공인인증서 재발급을 통해 인터넷뱅킹으로 카드론 대금 등을 사기범 계좌로 이체하여 편취하는 수법이다.

4) 금융회사, 금융감독원 명의의 허위 긴급공지 문자 메시지로 기망, 피싱사이트로 유도하여 예금 등 편취

금융회사 또는 금융감독원에서 보내는 공지사항(보안승급, 정보유출 피해확인 등)인 것처럼 가장하여 문자 메시지를 발송하여 피싱사이트로 유도한 후 금융거래정보를 입력하게 하고 동 정보로 피해자 명의의 대출 등을 받아 편취하는 수법이다.

5) 전화 통화를 통해 텔레뱅킹 이용정보를 수집하여 금원 편취

50~70대 고령층을 대상으로 전화통화를 통해 텔레뱅킹 가입 사실을 확인하거나 가입하게 한 후 명의도용, 정보유출, 범죄사건 연루 등 명목으로 피해자를 현혹하여 텔레뱅킹에 필요한 정보(주민등록번호, 이체비밀번호, 통장비밀번호, 보안카드일련번호, 보안카드코드 등)를 알아내어 금전을 피해자 계좌에서 사기범 계좌로 이체하여 금원을 편취하는 수법이다.

6) 피해자를 기망하여 자동화기기로 유인 편취

수사기관 직원을 사칭하는 자가 피해자에게 전화를 하여 피해자의 계좌가 사건(범죄)에 연루되어 피해자 명의 계좌의 안전조치가 필요하다고 기망하여 자동화기기로 유인, 기기를 조작하게 하여 자금을 편취하는 수법으로, 국세청, 건강보험공단, 국민연금관리공단 직원 등을 사칭하는 자가 피해자에게 전화하여 세금, 보험료, 연금 등이 과다 또는 오류 징수되어 환급하여 주겠다며 자동화기기로 유인, 기기를 조작하게 하여 자금을 편취하는 수법이다.

7) 피해자를 기망하여 피해자에게 자금을 이체 토록하여 편취

검찰, 경찰, 금융감독원 등 공공기관 및 금융기관을 사칭하는 자가 누군가 피해자를 사칭하여 예금인출을 시도한다고 기망한 후 거래내역 추적을 위해 필요하다면서 사기범이 불러주는 계좌로 이체하도록한 후 편취하는 수법으로, 사기범들이 학생의 대학지원 명세를 빼내 실제 대학교의 전화번호로 변조하여 학부모 및 학생에게 전화해서 사기범 계좌로 등록금 납부를 요구하여 편취하는 수법이다.

8) 신용카드발급 및 신용카드 범죄노출 빙자 정보 탈취 후 부정사용

카드배송사 직원을 사칭하여 신용카드 발급 안내 전화로 개인정보를 탈취하는 경우와 명의도용, 정보유출, 범죄사건 연루 등 명목으로 피해자를 현혹하여 신용카드정보(카드번호, 비밀번호, CVC값)를 알아낸 후, 사기범이 ARS를 통해 피해자 명의로 카드론을 받음과 동시에 피해자에게 다시 전화를 걸어 허위로 범죄자금 입금사실을 알리고 피해자에게 사기범 계좌로 이체토록 유도하여 편취하는 수법이다.

9) 상황극 연출에 의한 피해자 기망 편취

은행직원, 경찰, 검찰 수사관을 사칭한 사기범들이 은행객장과 경찰서, 검찰청 등의 사무실에서 실지로 일어나는 상황을 연출해 피해자를 기망하여 금전 편취하는 수법이다.

10) 물품대금 오류송금 빙자로 피해자를 기망하여 편취

사기범이 문자 메시지 또는 전화로 물품대금, 숙박비 등을 송금하였다고 연락하고, 잠시 후 실수로 잘못 송금하였다면서 반환 또는 차액을 요구하여 편취하는 수법이다.

금융감독원 보이스피싱지킴이에 주요 범죄수법에 대한 내용이 기재돼 있으나 기관을 사칭한 후 대면하여 금원을 직접 편취하는 수법과 중고물품 판매를 가장하여 물품판매자의 통장으로 보이스피싱 대금을 입금받는 수법 등 대면편취 수법과 최근 범죄수법 등이 소개되어 있지 않아 최신 수법을 소개하는 내용과 더불어 관련 사이트에 보완이 필요해 보인다.

자녀납치 및 사고 빙자 편취	수사기관 등 사칭 피해자 기망하여 ATM기로 유인 편취
메신저상 지인을 사칭, 송금 요구	피해자를 기망하여 피해자에게 자금을 이체토록 하여 편취
인터넷 뱅킹 이용 카드론 및 예금 편취	신용카드정보 취득 후 ARS를 이용한 카드론 대금 편취
금융회사, 금감원 등 허위문자로 기망, 피싱 사이트 유도 예금 편취	상황극 연출에 의한 피해자 기망 편취
전화를 통해 텔레뱅킹 이용 정보를 수집하여 금원 편취	물품대금 오류 송금 빙자, 피해자 기망하여 편취

[범행수법]

자료: 금융감독원

4. 전기통신금융사기 피해현황

1) 피해발생현황

(1) 금융감독원[3]

구분	'19년	'20년	'21년	'22년	'23년	전년대비 증감(률)
피해금액*	6,720	2,353	1,682	1,451	1,965	(35.4)
환급액	1,915	1,141	603	379	652	(72.0)
환급률	28.5	48.5	35.9	26.1	33.2	(7.1)
피해자수	50,372	18,265	13,213	12,816	11,503	(△10.2)

(2) 경찰청[4]

(단위: 건, 억 원)

구분	합계		기관사칭형		대출빙자형	
	발생건수	피해액 (억 원)	발생건수	피해액 (억 원)	발생건수	피해액 (억 원)
'21년	30,982	7,744	7,017	1,741	23,965	6,003
'22년	21,832	5,438	8,930	2,077	12,902	3,361
'23년	18,902	4,472	11,314	2,364	7,588	2,108
'24.1~ 11월	18,676	7,257	8,481	4,397	10,195	2,860

---

3 금융감독원 보도자료, '23년 중 보이스피싱 현황 분석.'
4 공공데이터포털, 경찰청 보이스피싱 현황.

2) 피해대금 환급현황(금융감독원)[5]

금융감독원과 경찰청의 발표 현황의 차이는 금융감독원은 계좌이체, 송금한 현황만을 집계하였으며 경찰청은 금융감독원의 현황에 대면편취 부분을 포함하여 집계해 실질 피해 금액의 차이가 발생한다.

구분	'19년	'20년	'21년	'22년	'23년	전년대비 증감(률)
피해금액*	6,720	2,353	1,682	1,451	1,965	(35.4)
환급액	1,915	1,141	603	379	652	(72.0)
환급률	28.5	48.5	35.9	26.1	33.2	(7.1)
피해자수	50,372	18,265	13,213	12,816	11,503	(△10.2)

5. 피해자 구제

1) 현행 법률과 피해자 구제

(1) 통신사기피해환급법

통신사기피해환급법에서 피해구제를 받을 수 있는 범위는 자금의 이체, 송금 행위에 한정되어 있고 금융당국은 '혁신적 포용국가' 구현을 위해 디지털 기반 혁신 성장과 함께 포용금융, 인간안보(Human security)[6]

---

5   금융감독원 보도자료, '23년 중 보이스피싱 현황 분석'.
6   인간안보(Human security): 1994년 국제연합개발계획(UNDP)이 새로운 안보개념으로 제시하였다. 군사감축이나 군비축소 외에도 인권, 환경보호, 사회안정, 민주주의 등이 기본

등의 정책을 추진하고 있으나 정책 추진의 이면에 보이스피싱 범죄의 피해가 심각한 상황으로 관계 부처 간 공조를 통하여 민생 침해 금융범죄에 대해 강력한 대응을 위한 보이스피싱 종합대책을 마련하여 이행 중이다.[7] 그러나 앞서 살펴본 바와 같이 보이스피싱 피해자에 대한 피해회복 등의 조치는 부족한 상태로 실질적인 피해구제는 제대로 이루어지지 않고 있는 제도적 한계가 있다.

(2) 「민법」의 손해배상청구 및 부당이득반환청구

민법은 불법 행위 등[8] 일정한 사실에 의하여 타인에게 손해를 입힌 경우 손해배상을 통하여 손해를 전보(塡補)하고 손해가 발생하지 않은 것과 똑같은 상태로 원상 복귀시키는 것이다. 보이스피싱으로 발생한 피해금은 관련자들과 인과관계 및 손해배상책임을 발생케 한 원인 사실이 발생하여 손해배상 청구권이 발생하고 관련자들을 대상으로 민사소송 등을 통하여 손해배상 청구권을 행사하게 된다.

아울러, 사기이용계좌로 일단 송금이 되면 송금액은 계좌 명의인의 예금 채권으로 인정되지만 법률상 원인 없이 예금에 대한 소유를 하게 됨으로 인해 피해자는 부당이득반환청구소송과 더불어 통장을 양도한 행위에 대해 전기통신금융사기의 방조 행위로 보고 이에 대한 불법 행위책임을 물을 수 있다. 물론 사안의 긴급성과는 별개로 일반 민사소송 절차를 진행하게 되면 많은 시간이 소요되는 단점이 있으나 여전히 피해회복의 수단으로서 의미가 있다.[9]

적으로 보장되어야만 진정한 세계평화가 가능하다는 생각에서 출발한 개념이다.

7 금융감독원 보도자료, '디지털 경제의 신뢰 기반 조성을 위한 보이스피싱 척결 종합방안', '20. 06.

8 민법 제390조 이하, 제750조부터 제766조.

9 한종환, 보이스 피싱에 사용된 계좌 명의인의 민사상 책임, 민사법연구(21권, 234면,

다만, 수수료를 받고 양도한 사례를 제외하고 사기이용계좌 명의인의 상당수가 취업 알선 사기나 대환 대출 사기를 당해 본인의 계좌 정보를 제공한 경우가 많은데 이 경우에는 명의인도 보이스피싱 사기의 피해자로 볼 수 있어 결국 전기통신금융사기 피해자들끼리 그 손해를 분담하게 되는 결과를 낳게 될 수 있다.[10]

(3) 형사배상명령

제1심 또는 제2심의 형사공판절차에서 법원이 유죄판결을 선고할 때에 그 유죄판결과 동시에 범죄 행위로 인하여 발생한 직접적인 물적 피해 및 치료비 손해의 배상을 명하거나, 피고인과 피해자 사이에 합의된 손해배상액에 관하여 배상을 명하는 제도를 말한다.[11] 즉, 피해자가 민사소송 등 다른 절차에 의하지 않고 가해자인 피고인의 형사재판절차에서 간편하게 피해배상을 받을 수 있는 제도이다.

2013년).

10 차영민, 송영시, 보이스피싱 범죄의 실태와 피해자의 손해보전 방법에 관한 소고, 법학논총(21권 2호, 553면, 2014년).

11 대법원 전자민원센터.

[형사배상명령이 가능한 사건][12]

근거법령	범죄의 종류
「형법」	• 상해죄(「형법」 제257조제1항, 상습범 포함) • 중상해죄(「형법」 제258조제1항 및 제2항, 상습범 포함) • 특수상해(「형법」 제258조의2, 다만 단체 또는 다중의 위력을 보이거나 위험한 물건을 휴대하여 자기 또는 배우자의 직계존속의 신체를 상해한 경우, 그들의 신체를 상해하여 생명에 대한 위험을 발생하게 한 경우 및 그들의 신체의 상해로 인해 불구 또는 불치나 난치의 질병에 이르게 한 경우는 제외) • 상해치사죄(「형법」 제259조제1항) • 폭행치사상죄(「형법」 제262조, 존속폭행치사상죄는 제외) • 과실치사상죄(「형법」 제26장) • 강간 및 추행죄(「형법」 제32장) • 절도 및 강도죄(「형법」 제38장) • 사기 및 공갈죄(「형법」 제39장) • 횡령 및 배임죄(「형법」 제40장) • 손괴죄(「형법」 제42장) • 위의 죄 중 가중처벌죄 및 그 죄의 미수범을 처벌하는 경우 미수죄
「성폭력범죄의 처벌 등에 관한 특례법」	• 업무상 위력 등에 의한 추행죄(「성폭력범죄의 처벌 등에 관한 특례법」 제10조) • 공중 밀집 장소에서의 추행죄(「성폭력범죄의 처벌 등에 관한 특례법」 제11조) • 성적 목적을 위한 다중이용장소 침입행위죄(「성폭력범죄의 처벌 등에 관한 특례법」 제12조) • 통신매체를 이용한 음란행위죄(「성폭력범죄의 처벌 등에 관한 특례법」 제13조) • 카메라 등을 이용한 촬영죄 및 그 미수죄(「성폭력범죄의 처벌 등에 관한 특례법」 제14조 및 제15조)
「아동·청소년의 성보호에 관한 법률」	• 아동·청소년 매매행위죄(「아동·청소년의 성보호에 관한 법률」 제12조) • 아동·청소년에 대한 강요행위 등 죄(「아동·청소년의 성보호에 관한 법률」 제14조)

* 법원은 위의 죄 및 그 외의 죄에 대한 형사사건에서 피고인과 범죄 피해자 사이에 합의된 손해배상액에 관해서도 배상명령을 할 수 있음[13]

---

12 찾기 쉬운 생활법령정보.
13 「소송촉진 등에 관한 특례법」 제25조 제2항.

(4) 전자금융거래법

전기통신금융사기 피해는 범죄 조직에 의해 발생하는 것이지만 금융회사에게 배상책임을 물을 수도 있다. 금융회사가 관리하는 보안 조치들이 허술한 경우에는 피싱 또는 파밍이 쉽게 발생하여 금융회사가 이로 인해 발생한 피해에 기여한 부분이 있기 때문이다.[14] 「전자금융거래법」에서 '접근매체의 위조나 변조로 발생한 사고',[15] '계약체결 또는 거래지시의 전자적 전송이나 처리과정에서 발생한 사고',[16] '전자적 장치나 정보통신망에 침입하여 거짓 또는 부정한 방법으로 획득한 접근매체의 이용으로 발생한 사고'[17]인 경우에 한하여 금융회사는 이용자(피해자, 명의자)에게 발생한 손해에 대해 책임을 지게 된다. 판례는 '갑' 등이 '을'은행 등에 예금계좌를 개설하고 인터넷뱅킹 서비스 등을 이용하여 왔는데, '병'이 이른바 파밍을 통하여 획득한 '갑' 등의 계좌번호와 비밀번호, 보안카드번호 등 금융거래정보를 이용하여 '갑' 등 명의의 공인인증서를 취득한 후 갑 등의 예금계좌에서 이체거래를 한 사안에서, '갑' 등에게 보안카드번호 전체를 입력한 행위에 대해 중대한 과실이 인정되므로 그 정도에 따라 '갑' 등도 책임의 일부를 부담하고 '갑' 등과 전자금융거래계약을 체결한 '을'은행 등은 '갑' 등에게 발생한 손해를 배상할 의무가 있다고 판시했다.[18]

---

14 김기창, '전자금융거래법상 이용자의 중대한 과실-대법원2013다86489 판결의 문제점', 「정보법학」 제18권 제3호, 한국정보법학회, 2015년 215면.
15 「전자금융거래법」 제9조 제1항 제1호.
16 동법 제9조 제1항 제2호.
17 동법 제9조 제1항 제3호.
18 서울중앙지방법원 2015. 1.15, 선고 2013가합70571, 61065, 52696 등.

전기통신금융사기범죄의 실질적인 운영자나 총책, 범죄수익자 등이 확인된 경우에는 그들을 상대로 피해대금에 대한 배상을 받을 수 있으나 현실적으로 쉽지 않으며, 상대적으로 추적이 쉬운 사기이용계좌 명의인 또는 인출 담당 모집원을 상대로 하여 소송을 제기하게 된다. 특히, 피해자가 통신사기피해환급법에 따라 피해금 전액을 보상받지 못하거나 계좌에 잔고가 없어 피해구제 실익이 없는 경우에는 사기이용계좌 명의인을 상대로 민사소송을 통해 보상받거나 전자금융거래법 제9조를 근거로 금융기관을 상대로 채무부존재 확인의 소의 제기를 통해 재산상 피해를 구제받을 수 있을 것이다.[19]

통신사기피해환급법
· 계좌송금, 이체만 해당
· 송금 또는 이체한 계좌에 잔액이 있어야 가능
· 금융기관 고의 또는 과실을 입증 시 가능(본인확인의무 등)

손해배상청구, 부당이득반환
· 불법행위자 등 대상 손해배상 청구권 및 부당이득반환 청구권 행사 가능
· 대상자 잔여재산 없는 경우 실효성 없음

형사배상명령
· 범죄행위로 발생한 직접적인 물적 피해 및 치료비 등에 대한 손해의 배상을 명하는 제도
· 대상자 잔여재산 없는 경우 실효성 없음

전자금융거래법
· 접근매체의 위조나 변조로 발생한 사고, 계약체결 또는 거래지시의 전자적 전송이나 처리 과정에서 발생한 사고
· 금융기관 대상 채무부존재 소송 가능

피해자구제

[현행 법률과 피해자 구제]

(5) 은행권 자율배상제도

보이스피싱 등 비대면금융사고 피해 발생 시 은행권 자율배상 제도를 통해 보상하는 제도이다. 2024년 1월부터 보이스피싱 등 비대면금융

---

19 김경환, '보이스피싱·파밍 피해 구제방법 있다. 금융기관 상대' 채무부존재확인 소 '제기하면 가능', 법률신문, '13.6.5.

사고 피해에 대한 자율배상 제도(비대면금융사고 책임분담기준)를 시행하고 있다. 비대면 보이스피싱 사고 발생 시 금융회사가 일정 부분 책임을 분담하는 자율배상 제도로서 보이스피싱 등을 당해 개인정보가 유출되어 제3자에 의해 본인 계좌에서 금액이 이체되는 등 비대면 금융사기로 금전적 피해가 발생한 경우(2024년 1월 1일 이후 발생분)에 신청이 가능하며 배상금액은 전체 피해금액 中「통신사기피해환급법」상 피해환급금을 제외한 금액을 대상으로 은행의 사고 예방 노력과 소비자(고객)의 과실 정도를 종합적으로 고려하여 결정된다.

[책임분담기준 제도 신청 및 배상 절차]

① 보이스피싱 등 비대면금융사고 발생 시 보이스피싱 통합신고센터(112) 또는 은행 콜센터로 전화하여 즉시 지급정지를 요청하십시오.

↓ (피해 발생 시)

② 통신사기피해환급법상 피해구제절차를 진행하는 한편, 동시에 피해발생 은행에 책임분담기준 제도 적용 여부에 대한 상담 및 배상을 신청하십시오.

↓

③ 통신사기피해환급법상 피해환급금 결정 및 피해사항에 대한 은행의 사고 조사가 이루어진 후에 책임분담기준에 따른 최종 배상비율 결정 및 배상금액이 지급됩니다.

2) 타법률과 피해자 구제

(1) 「범죄피해자 보호법」

「범죄피해자 보호법」은 범죄피해자 보호·지원의 기본 정책 등을 정하고 타인의 범죄 행위로 인하여 생명·신체에 피해를 받은 사람을 구조

함으로써 범죄피해자의 복지 증진에 기여함을 목적으로 하고 있다.[20]

그러나 해당 법에서 범죄피해자의 범위를 타인의 범죄 행위로 피해를 당한 사람과 그 배우자, 직계존속 및 형제자매로 규정하고 있으나 구조대상이 되는 범죄피해를 대한민국의 영역 안에서 또는 대한민국의 영역 밖에 있는 대한민국의 선박이나 항공기 안에서 행하여진 사람의 생명 또는 신체를 해치는 죄에 해당하는 행위로 인해 사망하거나 장해 또는 중상해를 입은 것[21]으로 한정하고 있어 보이스피싱 등 재산상의 피해자에 대해서는 해당 법을 통해 구제받을 수 없다.

(2) 「범죄피해자 보호기금법」

「범죄피해자 보호기금법」은 범죄피해자 보호·지원하는 데 필요한 자금을 조성하기 위하여 범죄피해자보호기금을 설치하고, 그 관리·운용에 관하여 필요한 사항을 규정하는 것을 목적[22]으로 하고 있으나 범죄피해자 지원에 필요한 기금의 사용 범위를 「범죄피해자 보호법」에서 정한 사망하거나 장해 또는 중상해를 입은 범죄피해자로 한정하여 보이스피싱 등의 피해자를 구제할 수 있는 용도로 사용할 수 없다.

(3) 「소비자기본법」

「소비자기본법」은 소비자의 권익을 증진하기 위하여 소비자의 권리와 책무, 국가·지방자치단체 및 사업자의 책무, 소비자단체의 역할 및 자유시장경제에서 소비자와 사업자 사이의 관계를 규정함과 아울러 소비자 정책의 종합적 추진을 위한 기본적인 사항을 규정함으로써 소비생활의

---

20 「범죄피해자 보호법」 제1조.
21 동법 제3조 제1항 제4호.
22 「범죄피해자 보호기금법」 제1조(목적).

향상과 국민경제의 발전에 이바지함을 목적[23]으로 제정되었다.

이 법에서 소비자는 사업자가 제공하는 물품 또는 용역(시설물을 포함한다)을 소비생활을 위하여 사용하는 자 또는 생산 활동을 위하여 사용하는 자로서 대통령령이 정하는 자[24]를 말하는 것으로 상거래 관계상 소비자의 권리 및 계약(채무)불이행에 관한 사항 규정하고 있어 보이스피싱 등은 불법 행위에 따른 피해이므로 해당 법을 통하여 보호받을 수 없다.

(4) 「금융소비자 보호에 관한 법률」

「금융소비자 보호에 관한 법률」(이하 금융소비자보호법 이라 한다)은 금융소비자의 권익 증진과 금융상품판매업 및 금융상품자문업의 건전한 시장질서 구축을 위하여 금융상품판매업자 및 금융상품자문업자의 영업에 관한 준수사항과 금융소비자 권익 보호를 위한 금융소비자정책 및 금융분쟁조정절차 등에 관한 사항을 규정함으로써 금융소비자 보호의 실효성을 높이고 국민경제 발전에 이바지함을 목적으로 제정됐다.

금융소비자는 금융상품에 관한 계약의 체결 또는 계약체결의 권유를 하거나 청약을 받는 것에 관한 금융상품판매업자의 거래상대방 또는 금융상품자문업자의 자문업무의 상대방인 전문금융소비자 또는 일반 금융소비자를 나누고 있으나 보이스피싱 등 전기통신금융사기 피해자는 금융상품에 관한 계약을 체결하거나 이용한 것이 아니므로 금융소비자 범위에 포함되지 않아 이 법에 따른 금융상품판매업자 등의 손해배상책임 범위에 포함되지 않는다.

---

23 「소비자기본법」 제1조(목적).
24 동법 제2조 제1항.

(5) 「전자상거래 등에서의 소비자보호에 관한 법률」

「전자상거래 등에서의 소비자보호에 관한 법률」(이하 전자상거래법이라 한다)은 전자상거래 및 통신판매 시장의 신뢰도를 높여 국민경제의 건전한 발전에 이바지함을 목적[25]으로 제정됐다.

이 법에서 '소비자'는 사업자가 제공하는 재화 등을 소비생활을 위하여 사용하는 자, 사실상 사업자가 제공하는 재화 등을 소비생활을 위하여 사용하는 자와 같은 지위 및 거래조건으로 거래하는 자[26]로 규정하고 있고 사업자는 물품을 제조·수입·판매하거나 용역을 제공하는 자로서 보이스피싱 가해자를 이 법의 사업자로 볼 수 없고 관련 피해자를 이 법의 소비자 지위로 볼 수 없으므로 이 법의 적용 대상이 될 수 없다.

범죄피해자 보호법
· 타인의 범죄 행위로 인하여 생명·신체에 피해를 받은 사람 대상
· 사망하거나 장해 또는 중상해를 입은 자를 대상

범죄피해자 보호기
· 범죄피해자 보호·지원하는 데 필요한 자금 조성
· 범죄피해자의 범위가 범죄피해자 보호법 기준

소비자기본법
· 사업자가 제공하는 물품 또는 용역을 소비생활을 위하여 사용하는 자가 대상
· 상거래 관계상 소비자의 권리 및 채무불이행에 관한 사항

금융소비자 보호법
· 금융상품에 관한 계약 체결 또는 계약 체결의 권유를 하거나 청약을 받는 것에 관한 금융상품판매업자와 거래자를 대상

피해자구제

전자상거래법
· 전자상거래 및 통신판매업자와 거래하는 과정상에서 발생하는 사안에 대한 부분
· 보이스피싱 가해자를 전자상거래 및 통신판매업자로 볼 수 없음

[현행 법률과 피해자 구제 2]

---

25 「전자상거래 등에서의 소비자보호에 관한 법률」 제1조(목적).
26 동법 제2조 제5항.

3) 보험과 피해자 구제

보이스피싱 등의 피해를 구제하기 위하여 다수의 보험제도가 운영되고 있으나 일반 소비자의 경우 해당 상품의 출시 여부를 인지하지 못하고 있다.

최근에는 은행 및 보험회사를 중심으로 소액으로 납부할 수 있으며 100만 원에서 수천만 원까지 보장되는 다양한 보험상품이 제공되고 있다.

보험을 통하여 보이스피싱 등의 전기통신금융사기 피해자의 피해 금액을 일부 구제할 수 있을 것으로 보인다.

4) 해외 사례

(1) 미국

미국에서는 무작위로 전화를 걸어 수신자에게 '제 목소리가 들리세요?(Can you hear me?)'라고 묻고 수신자가 '예(Yes, Sure, OK)'라고 대답하면 금융사기에 걸려드는 사기가 성행하고 있다. 사기범은 수신자의 대답을 녹음하여 각종 물건 구입에 사용하고 소비자가 구매에 동의했다는 증거로 녹음한 음성을 활용하는 수법을 이용하며 정부기관을 사칭하여 사회 보장번호와 인적사항 등 개인정보를 탈취하기도 한다.

미국의 23개의 주와 괌에서는 온라인 피싱(phishing)사기를 특정 범죄로 취급해 이를 엄격히 금지하고 발생한 범죄를 처벌하도록 하고 있다. 인터넷 웹페이지, 전자우편, 기타 인터넷을 이용하여 해당 사업자의 권한 또는 승인 없이 사업자로 사칭하여 개인신원확인 정보를 요청하거나 타인으로 하여금 이를 제공하도록 유도하는 행위를 불법으로 규정하고 있는 '피싱사기방지법(Anti-phishing Act)'은 캘리포니아 외 7개 주에서 명시적으로 입법화하였고, 그 외의 주에서는 '스파이웨어' 또는 '컴퓨터 범

죄' 관련 법규를 통해 규정하고 있다.[27]

예방 및 사후 구제를 위한 방안으로 보안 혹은 신용 동결법(Security or Credit freeze law), 원상 복구 규정, 부과 벌금 펀드 등을 운영하고 있다.[28]

가. 보안 혹은 신용 동결법(Security or Credit freeze law)

보안 동결법(Security or Credit freeze law)(이하에서는 '보안 동결법'이라고 한다)이란 피싱사기가 의심되는 정황이 있는 금융소비자들이 자신들의 신용을 동결시킬 수 있도록 허용하는 제도이다.

금융소비자는 소비자 신용정보기관에 서면으로 요청함으로써 자신의 신용 정보에 대해 보안 동결을 할 수 있다. 즉, '보안 동결(security freeze)'은 소비자의 요청에 따라 본인의 신용 정보에 접근하는 것을 중단함으로써 채권자들이나 금융회사에서 신용 정보를 획득하거나 이를 통해 신규 계좌를 개설하는 것을 막게 된다. 이렇게 되면 보안 동결을 요청한 소비자의 신용 정보는 본인의 사전 허가 없이 제3자에게 공개되지 않으며 다시 신용거래의 재개를 신청하면 정상적인 신용, 서비스 사용을 위해 개인 식별번호로 해당 보안 동결 조치를 일시적으로 해제하도록 허용하고 있다.[29]

나. 원상복구 규정

뉴멕시코 주에는 법적 사후구제 방법으로 피싱사기 피해자가 입은 모든 피해를 원상복구 하도록 강행하는 규정이 있다.[30] 신분을 도용하는 등의 피싱사기범은 형벌이 중한 죄로 검토되며, 피싱사기 피해자에게 피

---

27 강성복, 윤종민, '전기통신금융사기 법제에 관한 분석적 고찰', 「과학기술과 법」 제3권 제2호, 충북대학교 법학연구소, 9- 10면, 2012년.

28 최창수, '미국의 온라인피싱방지법과 시사점', 「법조」 제63권 제10호, 법조협회 2014년.

29 Cal. Civ. Code § 1785.11.2.(2016)

30 N.M.STAT 30- 16- 24.1 Theft of identity; obtaining identity by electronic fraud.

해 회복을 위한 법적 절차에 진행되는 비용 등 재정적 손실에 대한 보상을 해야 한다. 또한, 개인식별번호 도용으로 인해 발생한 허위기록이 해당 신용보고서나 공공 기록물에 남아 있는 경우 관할 법원은 피싱사기 피해자가 해당 오류를 교정하기 위해 필요한 사실 확인서 및 명령서를 발부할 수 있도록 하고 있다.[31]

버지니아 주의 경우에도 피싱사기범의 유죄가 확정되면 다른 처벌에 추가하여 피싱사기범에게 개인식별정보의 도용 피해자에게 적절한 손해 배상을 강제하는 명령을 발할 수 있도록 하고 있다. 또한, 피해 당사자는 본인의 신용 정보 오류 등을 수정하는 데 필요한 정보를 입수할 수 있도록 지원받게 된다.[32]

다. 부과 벌금의 펀드 운영

대부분의 주에서는 '피싱사기방지법'을 위반할 경우 일정한 벌금을 부과할 수 있도록 하고 있다. 일부 주에서는 벌금이 동법 취지에 부합하도록 징수된 벌금으로 펀드를 조성, 운영하기 위한 근거 규정을 두고 있다.

아칸소 주의 경우에는 '스파이웨어 모니터링 기금(Spyware Monitoring Fund)'을 통해 피싱사기 방지를 위한 소비자 교육과 기술력 발전을 위한 기금으로 운영할 수 있도록 징수된 벌금의 일부를 주의 재무부에 적립하도록 하고 있다.[33]

적립된 기금으로는 ① 위반 행위를 선제적으로 조사처벌할 것, ② 스파이웨어 대처 컴퓨터 소프트웨어의 활용 및 안티스파이웨어의 효과 등과 관련하여 소비자들이 이해할 수 있는 허위표시나 광고 관련 정보를

---

31 이은진, 앞의 논문, 39면.
32 Va. Code Ann. § 18.2-186.3. Identity Theft; Penalty; Restitution; Victim Assistance.
33 AR Code § 19- 6- 804 (2014), § 19- 6- 301 (2012).

제공할 것, ③ 스파이웨어, 안티스파이웨어, 컴퓨터 사기에 대한 소비자 인식을 고취시킬 것, ④ 스파이웨어, 컴퓨터사기, 이러한 사기행태가 소비자들의 개인정보 및 컴퓨터 시스템에 미치는 영향, 스파이웨어 대처용 컴퓨터 소프트웨어 접속, 사용방법 등에 관한 교육 프로그램을 소비자들에게 제공할 것, ⑤ 소비자들에게 안티스파이웨어 웹사이트의 연결링크를 통해 유용한 정보를 제공할 것을 목적으로 사용할 것을 명시하고 있다.[34]

(2) 일본
가. 피해 현황
일본은 예금 계좌에 돈을 송금 또는 입금하는 것을 후리코메(振り込め)라고 하는데, 사기로 예금 계좌에 돈을 입금시켜 편취한다는 의미로 전자금융사기를 후리코메(振り込め)사기라고 한다. 2004년에 보이스피싱 사건이 발생한 후 2008년 그 피해금액이 276억 엔으로 정점에 이르렀으며 이후 사기수법이 진화하면서 2019년도 피해액은 보이스피싱 249.4억 엔, 특수사기 301.5억 엔으로 확인된다.[35]

---

34   AR Code § 4- 111- 105 (2016).
35   금융감독원, '2019년 일본의 보이스피싱 등 특수사기 현황', '20.06.

[특수사기³⁶ 발생건수 및 피해금액 추이]

(단위: 건, 억 엔)

구분		'15년	'16년	'17년	'18년	'19년	'20년	'21년
특수사기 전체	건수	13,824	14,154	18,212	17,844	16,851	13,550	14,498
	금액	482.0	407.7	394.7	382.9	315.8	285.2	282.0

자료: 2021년 일본의 보이스피싱 등 특수사기 현황. 금융감독원 동경사무소

　　노인을 대상으로 하는 사례가 많아 일본 대형 은행들은 아예 일정 연령 이상의 노인들의 ATM 송금을 제한하는 방안을 검토 중이다.³⁷

　　일본도 피싱사기 예방 캠페인을 벌이고 있으며, 대포통장과 대포폰의 부정사용 방지를 위해 금융기관과 통신회사가 협력하여 개설 및 양도시에 철저한 본인확인의무를 실시하고 있다.³⁸ 피해의 회복을 위해서는 2007년 제정된 "범죄 이용 예금 계좌 등에 관계된 자금에 의한 피해 회복 분배금의 지불 등에 관한 법률"[(犯罪利用預金口座等に係る資金による被害回復分配金の支払等に関する法律(아래에서는 '전자금융사기 피해자구제법'으로 칭하기로 한다)]³⁹을 통해 예금보험기구가 피해금 환급 업무를 담당하고 있다.

---

36 특수사기란 피해자에게 전화를 거는 등 대면하는 일 없이 신뢰하게 만들어, 지정한 예금 계좌에 이체 그 밖에 방법에 의해 불특정 다수로부터 현금 등을 속여 빼앗는 범죄(현금 등을 협박해서 빼앗는 공갈 및 틈을 봐서 현금카드 등을 절취하는 절도를 포함)이다.

37 한겨레, '보이스피싱 막아라'…일본 대형 은행들, 노인 ATM 송금 제한 추진, 2017.8.31.

38 안성훈, '해외 각국의 보이스피싱 범죄 발생 및 대응실태 연구: 미국, 일본, 대만, 중국을 중심으로', 대검찰청 형사1과.

39 예금계좌로의 입금 등을 이용한 사기 등의 범죄 행위에 의한 피해자에 대한 피해회복분배금의 지불 등과 관련하여 예금 등과 관련된 채권의 소멸 수속 및 피해회복분배금의 지불 절차 등을 정하여 피해자의 재산적 피해의 신속한 회복에 이바지한다(犯罪利用預金口座等に係る資金による被害回復分配金の支払等に関する法律 第1條 定義).

나. 범죄에 의한 수익 이전 방지에 관한 법

"범죄에 의한 수익 이전 방지에 관한 법률"(犯罪による収益の移転防止に関する法律)은 범죄수익이 조직적인 범죄를 조장하는 데 사용되고, 범죄수익의 이전 몰수/추징 등을 어렵게 하고 피해자의 피해 회복을 곤란하게 한다는 점에서 범죄수익의 이전 방지를 도모하기 위해 제정되었다. 동법 제29조에 따르면 조직적인 보이스피싱의 경우 대포통장을 양도받거나 양도하는 행위 또는 양도를 권할 경우에는 1년 이하의 징역 또는 100만 엔 이하의 벌금에 처하도록 규정하고 있다.[40]

다. 기 타

일본은 「오레오레 사기 등 대책플랜」에 입각하여 관계행정기관·사업자 등과 연계하면서 특수사기 근절을 위한 피해방지대책, 범죄도구 대책, 효과적인 단속 등을 강력히 추진하고 특수사기 피해실태를 정확히 파악해 보다 효과적인 대책을 강구하기 위해 2020년 1월 이후 오레오레 사기 중 현금카드, 신용카드, 예금통장 등을 속여서 빼앗는 수법을 새롭게 「예금사기」로 분류하여 통계처리하며 대응하고 있다.[41]

6. 대응방향

1) 다중피해조직사기 예방협회 설립

보이스피싱 등 다중피해조직사기 예방 및 피해자 보상, 피해자 치유를 위하여 다중피해조직사기 예방협회(이하 "협회")를 설립하며 협회는 행정안전부 산하기관으로 협회장의 임명은 행정안전부 장관이 하고 주

---

40   일본 "犯罪による□盆の移□防止に□する法律" 제29조.
41   금융감독원, '2019년 일본의 보이스피싱 등 특수사기 현황', 10면, 2020.06.

로 다중피해조직사기의 피해구제기금의 운영과 피해자에 대한 보상 범위 및 보상 결정, 보상금의 지급, 피해자의 민원 상담과 처리, 피해 예방 교육 등의 업무를 운영하도록 한다.

2) 구제기금 운영

다중피해조직사기 피해자의 구제를 위하여 별도의 구제기금을 협회에서 운영토록 한다. 해당 기금의 재원은 벌금펀드의 운영이나 국가 예산을 반영하여 마련하는 방법과 금융기관에서 보이스피싱 예방 기금을 적립하는 방법으로 충당한다. 보이스피싱 등으로 자금을 계좌이체, 송금하거나 대면으로 지급한 경우는 통신사기피해환급법에 따라 피해구제 절차를 진행할 수 있으나 피해금을 모두 구제받지 못하는 경우가 대부분이다. 이에 통신사기피해환급법에 따라 피해구제 절차를 진행하였으나 피해를 구제 받지 못한 경우와 기타(상품권이나 가상자산 등으로 구매하여 지급 경우 등)의 경우 구제기금으로 해당 피해를 구제해 주며 피해의 범위와 대상은 다중피해조직사기 예방협회의 피해보상심의위원회를 통하여 결정하도록 한다.

다만 기금의 출연과 보이스피싱 피해자 구제의 경우 타 사기범죄 및 재산범죄와의 형평성 문제가 야기될 수 있으므로 전반적인 사안을 고려하여 진행하는 것이 바람직하다.

3) 보험제도의 활성화

보이스피싱 피해구제를 위하여 일정한도 내에서 의무 보험으로 가입하도록 한다. 현재 각 보험사에서 운영 중인 보험 상품은 소액의 보험금으로 각 사고당 100만 원에서 1,000만 원 정도로 사고금액을 보장하고 있다. 금융거래 이용자를 대상으로 금융기관에서 의무적으로 가입시키고 보상범위에 계좌이체, 송금, 대면 전달, 상품권 전달 등까지 포함해

객관적 사실만 입증한다면 모두 보상범위에 포함하며 많은 피해자가 구제될 수 있도록 해야 한다. 아울러 보험금은 카드사용 마일리지나 금융거래 이자 등으로 충당한다면 효과를 극대화할 수 있다.

[주요보험사의 보험상품]

보험회사	보장금액	보험금	비고
현대해상	각 사고당 1,000만 원	연 1만 원대	하이사이버보험
하나손해보험	연 100~ 1,000만 원	연 3천 원대	
흥국화재	1,000만 원	무료	NHN페이코가입자
AXA손해보험	100만 원	암보험가입금액	암보험에 특약
캐롯손해보험	100만 원	부모당 연 1만 원	부모안심Gift보험
메리츠화재	금전 손실 70%	월 2만 원 내	스위트홈종합보험

자료: 각 보험사

4) 피해자 치유센터 운영

보이스피싱 범죄로 수많은 사람들이 고통받고 있고 특히 피해자가 주변인에게 자신의 피해 사실을 알리는 순간 비난을 받는 경향이 있다. 금전적 손해에 대한 보전보다는 타인에게 비난을 받을 수 있는 개연성이 높아 자신의 피해를 적극적으로 호소할 수 없어서 금전적인 손해와 더불어 정신적인 고통을 동시에 겪고 있다. 피해자의 정신적 치유와 안정을 위하여 지자체 단위에서 '피해자 치유센터'를 운영해 언제든지 전화상담이 가능하게 하고, 실시간 SNS 상담 등을 이용해 피해자와 적극적으로 연결되어 그들을 치유하여야 한다.

7. 기타

보이스피싱범죄는 피해자의 정신적, 경제적 고통이 가중되는 범죄로 피해 회복에 대한 이슈가 계속 발생되고 있다. 별도의 법률(가칭 '다중피해조직사기방지법') 제정을 통하여 피해의 범위와 피해자의 지위를 다시 정립하고 피해자구제에 대한 구체적인 방안을 제시하였다. 국가 및 관련 단체에서 보이스피싱의 피해 구제기금을 위한 예산을 편성하고 피해 회복이 요원한 경우 철저한 심의를 거쳐 피해를 회복시켜 줄 수 있도록 한다.

그러나 피해기금의 출현이나 피해자 구제가 다른 사기범죄나 재산범죄와 형평성의 문제를 발생시킬 소지가 있는바 피해자의 범위, 보상 범위 등에 대한 논의는 관련기관과 별도의 협의 거쳐 진행하도록 한다.

또한 출시되어 있는 보험회사의 보험상품을 최대한 활성화하여 보이스피싱 보험의 금융기관 거래자 의무 가입을 통해 피해금액을 보전할 수 있는 방법을 다각도로 마련하여야 한다.

아울러 이런 제도가 악용되거나 도덕적 해이가 발생할 수 있으므로 별도의 협회(가칭 "다중피해조직사기 예방협회")를 설치해 운영하며 해당 협회에서 보상 대상의 범위와 금액 등을 결정하도록 한다.

보이스피싱은 기존의 송금, 이체형, 대면 편취형에서 통장협박형 등 다양한 형태로 진화하고 있어 피해금을 환급받는 것은 더욱 요원하다. 사기범죄에 대한 별도의 정립 및 피해자 구제와 치유가 포함되어 있는 법률제정을 통해 보이스피싱 등으로 인한 피해를 최소화하고 건전한 사회질서를 확립할 수 있기를 소원해 본다.

제
/
6
/
장

보험범죄

제6장
보험범죄

1. 개념

보험 범죄는 보험금을 사취하기 위하여 보험제도를 악용하거나 남용하는 모든 부당한 행위이다. 즉, 혜택을 받아야 할 사람들의 몫을 가로채고 가입자 모두의 보험료가 인상되게 함으로써 결국 가입자 모두에게 피해를 입히는 파렴치한 범죄로 대표적인 금융범죄이다.

보험가입자 또는 제3자가 받을 수 없는 보험급부를 대가 없이 받게 하는 경우 및 부당하게 낮은 보험료를 지불하거나 또는 부당하게 높은 보험금의 지급을 요구할 목적을 가지고 고의적이며 악의적으로 행동하는 경우 등 보험제도를 부당하게 악용·남용하는 범법적 행위이다.

보험범죄와 보험사기를 구별하는 것이 필요한데, 보험범죄는 보험회사에 대해 행하는 보험계약자, 보험사업자 등의 일체의 범법 행위를 말하며 여기에는 보험사기도 포함한다. 그리고 보험사기란 재산의 이익을 목적으로 보험회사를 직접 기망하는 행위로 형법상 사기죄(제347조)에 해당한다.

1) 현 황

(1) 보험사기 적발 현황

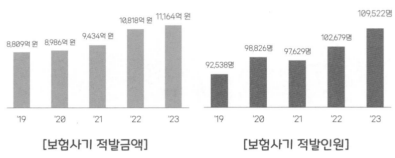

[보험사기 적발금액]   [보험사기 적발인원]

자료: 금융감독원

    금융감독원에 따르면 매년 보험사기 금액과 가담인원이 증가하고 있으며 특히 자동차보험 사기가 크게 증가하였다.

(2) 사기유형별 적발 현황

〈 사기유형별 적발 현황 〉

자료: 금융감독원

2. 특징

1) 연성사기와 경성사기

(1) 연성사기(Soft Fraud)

보험계약자 또는 보험금 청구권자가 합법적인 보험금 청구를 과장 또는 확대하는 경우 및 신규 보험계약 체결 시 거짓 정보를 제공함으로써 낮은 보험료를 납입, 보험계약을 체결할 수 없는 거절체에 해당하는 자가 보험인수 가능성을 높이는 행위를 말한다. 기회사기(Opportunity Fraud)라고도 하며 일반인들에게도 광범위하게 단발성으로 발생하여 적발이 어렵다. 당사자 또한 이러한 행위가 불법 행위라는 것을 인지하지 못한 채 발생되는 경우가 자주 있다.

(2) 경성사기(Hard Fraud)

보험계약(증권)에서 담보되는 재해, 상해, 도난, 방화, 기타의 손실 등의 보험금 지급사유를 의도적으로 각색 또는 조작하는 행위이다.

경성사기는 법에 의해 처벌할 수 있는 것이고, 연성사기는 피해과장, 고지에 관한 사항, 계약에 관련한 사항 3가지로 분류해 볼 수 있다.

3. 발생유형

보험사기는 범죄적인 특성으로 4가지로 나눌 수 있다.

1) 사기적 보험계약의 체결: 보험계약 체결 시 보험금 편취의도
2) 보험사고의 인위적 유발: 고의적 보험사고 유발
3) 보험사고의 위장 및 사고 후 보험가입: 가해자와 피해자가 공모하여 사고가 발생한 것처럼 위장하거나 보험사고 후 보험계약 체결 등

4) 보험금 허위, 과다 청구: 자동차 수리 견적을 많이 산출하거나 허위로 병명을 만들거나 경미한 사고임에도 불구하고 퇴원하지 않고 장기간 입원하는 경우 등

일반적으로 사기죄의 기망 행위는 널리 거래관계에서 지켜야 할 신의칙에 반하는 행위로서 사람으로 하여금 착오를 일으키는 행위(학설, 판례)이다. 그 수단과 방법에는 아무런 제한이 없으며, 언어나 행동을 통한 적극적 작위 외에 소극적인 부작위에 의해서도 성립된다. 부작위에 의한 기망 행위를 통한 사기죄는 행위자가 일정한 내용을 고지해야 함에도 불구하고 하지 않는 경우에 성립한다. 작위의무는 법령, 계약이나 선행행위, 신의성실 의무에서도 발생한다.

보험사기의 기망 행위는 사기죄의 기망 행위와 동일하다. 또한, 적극적인 작위뿐만 아니라 소극적인 부작위에 의해서도 가능하다. 여기서 적극적인 작위란 보험사고를 고의로 일으키고 보험금을 청구하는 행위, 발생하지 않은 사고를 발생한 것처럼 위장하는 행위, 보험금을 부풀려 청구하는 행위이다.(사기죄 다툼이 없음)

그렇다면 보험계약을 체결할 때에 보험계약자가 중요사항을 고지하지 않거나 불성실하게 고지하는 행위가 부작위에 의한 기망 행위에 해당할까?

보험계약자가 질병이 있다는 사실을 고지하지 않거나 수술이나 치료를 받았던 사실을 보험계약을 체결할 때 고지하지 않은 경우 민사적으로 보험회사는 상법상 고지의무위반을 이유로 보험계약을 해지할 수 있고, 형사적으로는 부작위에 의한 사기죄가 성립하는지 살펴보아야 한다.

4. 법적 고찰

1) 사기죄에 대한 대법원의 입장

거래의 상대방이 일정한 사정에 대한 고지를 받았다면 당해 거래에 임하지 않았을 것임이 경험칙상 명백한 경우 그 거래로 인하여 재물을 수취하는 자에게는 신의성실의 원칙상 사전에 상대방에게 그와 같은 사정을 고지할 의무가 있다.(고지하지 않은 경우, 부작위에 의한 사기죄를 구성)

[요건] 고지하지 않음으로써 계약상 목적물에 대한 권리를 잃을 위험

이러한 위험이 생길 수 있음을 알면서도 거래관계를 맺어 재물의 교부를 받거나 재산상 이익을 받고 고지받았다면 당해 거래관계를 맺지 않았을 것이 명백한 경우

2) 보험사기에 대한 대법원의 입장

보험계약자가 유리한 조건으로 보험계약을 체결하기 위하여 허위의 사실을 고지하거나 특정사실을 고지하지 않고 보험계약을 체결하였다면 보험계약자의 고지의무위반으로 인해 사기죄가 성립된다.(대법원 1991. 12. 27. 선고 91다1165판결)

3) 사기죄의 구성요건으로서의 기망

널리 재산상의 거래관계에서 서로 지켜야 할 신의와 성실의 의무를 저버리는 모든 적극적 또는 소극적 행위를 말하는 것으로서 반드시 법률 행위의 중요 부분에 관한 것임을 요하지 않으며, 상대방을 착오에 빠지게 하여 행위자가 희망하는 재산적 처분 행위를 하도록 하기 위한 판단의 기초사실에 관한 것이면 충분하고 어떤 행위가 다른 사람을 착오에 빠지게 한 기망 행위에 해당하는가의 여부는 거래의 상황, 상대방의

지식, 경험, 직업 등 행위 당시의 구체적 사정을 고려하여 일반적, 객관적으로 판단해야 할 것이다. (대법원 2007. 10.25선고 2005도1991 판결)

4) 학계의 입장

(1) 통설적인 견해

판례와 마찬가지로 특정한 내용을 고지한 작위의무는 신의성실의 원칙에 기해서도 인정 가능하다는 견해이다.

(2) 작위의무 범위 제한 견해

일부는 보증인의 지위를 발생시키는 작위의무의 범위를 제한하여야 한다는 입장이다.

　가. 신의성실의 원칙이 고지의무의 발생근거로 볼 수 없다는 견해

　나. 부작위에 의한 가벌성의 범위를 제한하여야 한다는 견해

　다. 신뢰관계의 구체성과 현저한 손해정도, 고지내용의 중요성, 상대
　　　방의 무경험 등을 기준으로 판단하여야 한다는 견해

5. 사례

유형	사건경위 및 결론
병원이 허위 입원환자를 유치하여 보험사기 주도	사건경위: 부산 소재 OO병원은 브로커를 통해 허위 입원환자를 유치하여 허위로 입원시킨 뒤, 입퇴원확인서를 발급하여 허위 입원환자들이 가입한 보험회사로부터 보험금 약 47억 원을 편취토록 조장하는 한편, 진료기록 등을 허위로 작성하여 국민건강보험공단으로 보험급여금 25억 원 편취 결론: 병원 관계자 구속 및 허위입원환자 등 약 3백여 명 적발
보험금을 노리고 고가의 외제차량을 이용해 고의로 교통사고 유발	사건경위: 호스트바, PC방 등에서 고액 일당(운전 70만 원, 동승 30만 원)을 주겠다며 지원자를 모집하여 고가의 외제 대포차량과 대포폰을 이용, 사전에 약속된 신호에 맞추어 급차선 변경(일명 칼치기)을 하면 급브레이크를 밟아 뒤 차량이 추돌하게 하는 수법으로 고의 교통사고를 낸 후, 차량 파손에 대한 미수선 수리비, 치료비 등을 명목으로 보험금 편취 결론: 수사기관의 수사결과 약 6억 원 상당의 보험금을 편취한 일당 78명 적발
남편, 시어머니 농약먹여 살해한 아내	사건경위: 노모씨는 보험금을 노리고 맹독성 제초제가 섞인 음료수를 먹여 전 남편 김모씨를 살해하고, 이후 재혼한 이씨와 이씨의 어머니인 홍모씨에게도 음식에 농약을 조금씩 몰래 타서 먹이는 수법으로 살해하여 약 10억 원의 보험금을 편취하는 한편, 딸에게도 농약을 탄 음식을 지속적으로 먹여 입원하자 입원에 따른 보험금 또한 편취 결론: 보험회사 특별조사반의 제보로 수사하여 적발. 노모씨는 편취한 보험금으로 하루에 백화점에서 수백만 원을 쓰거나 동호회 활동을 위해 2천만 원짜리 자전거를 구입하는 등 호화생활을 한 것으로 밝혀짐

해외에서 손가락 절단 후 보험금 타내	사건경위: 일정한 직업과 주거가 없는 최모씨는 해외여행자보험 등 수 개의 보험에 가입한 후 미국으로 출국, 그 곳에서 고의로 자신의 손가락 2개를 절단한 후 칠면조 고기를 조리하려다 다친 것으로 조작하여 장애진단을 발급받아 약 4억 원의 보험금을 편취. 친구 박모씨는 최모씨와 공모하여 역시 같은 수법으로 태국에서 손가락 1개를 고의로 절단한 후 3억 원의 보험금을 편취하였으나 수사기관에서 조사하여 구속 결론: 외국에서의 위장사고는 국내 보험사들이 해외 손해사정 실사가 어렵고 또한 수사기관에서도 증거를 밝혀 내지 못한다는 사실을 악용한 신종보험사기임
병원 관계자 가담한 위장 교통사고	사건경위: 청량리 소재 ○○병원 기획실장 주모씨(40)등 5명은 승용차와 승합차를 이용해 수 차례에 걸쳐 고의 교통사고를 내고 자신이 근무하는 병원에 상해진단서 등을 조작하여 장기입원하는 수법으로 보험금을 편취 결론: 동 병원은 허위진단서발급 등 보험사기에 적극 가담한 사실이 확인되어 폐업조치

자료: 손해보험협회

6. 소비자 유의사항[1]

브로커 등의 유혹에 의하여 허위진단, 자동차 고의사고 등에 가담하게 되는 경우 보험사기에 연루될 수 있으므로 각별한 주의가 요구된다. 자동차 사고 시 사고와 무관한 부분을 수리하거나 통증 정도를 과장하여 보험금을 청구하는 경우 등도 보험사기에 해당될 수 있다. 보험사기를 제안받거나 의심사례를 인지한 경우에는 금융감독원 등에 적극적으로 제보하여야 한다.

---

1 금융감독원 보도자료, 2020년 보험사기 적발 현황 및 향후 계획, '21. 4.28.

<참고> 보험사기 신고방법 및 요령

▶ **금융감독원**

① 전화(1332→4번→4번),
   팩스(02- 3145- 8711)

② 방문

③ 우편

④ 인터넷(금융감독원 홈페이지 →
   보험사기방지센터 → 우측의 '보
   험사기 신고센터')

▶ **보험회사**: 보험회사별 홈페이지
   내 보험사기신고센터

(금감원보험사기방지센터 접속 →
보험사기신고 → '보험회사 보험사
기신고센터' 참고)

신고처

· 금융감독원

전화	1332	4번(금융범죄) ▼ 4번(보험사기)
우편	서울시 영등포구 여의대로 38 금융감독원 보험사기대응단 (07321)
인터넷	http://insucop.fss.or.kr

· 보험회사
  각 사 홈페이지 및 콜센터

7. 기타

「보험사기 특별법」의 시행(2016. 9)으로 보험사고 조사강화와 제도개
선 등의 영향으로 다소 발생 추이가 감소하고 있으나, 보험사기를 범죄로
인식하지 못한 채 보험사기에 연루되는 경우가 여전히 많다. 이를 방지하
기 위해 다양한 매체를 통한 교육 및 홍보 활동을 적극 추진하여야 하
며 유관기관 공조를 통하여 보험사기는 반드시 적발 및 처벌된다는 인
식을 확산시켜 보험소비자 보호 및 보험사기 근절에 앞장서야 한다.

제

/

7

/

장

신용카드범죄

제7장

신용카드범죄

전통적인 지급결제수단은 현금 위주였으나 현대 사회는 다양화된 지급결제수단을 이용하며 대표적인 수단은 신용카드라고 할 수 있다.

플라스틱 기반의 신용카드는 1980년대 초반 국내에 도입되었고, 현재까지 1억 장 이상의 신용카드가 발급되어 사용되고 있다. 경제활동 인구 1인당 3.8장 정도의 신용카드를 소지하고 있는 것이다.

그러나 그 이면에서 신용카드 부정사용과 범죄라는 어두운 측면 또한 사회적 이슈로 자리 잡고 있다.

1. 개념

신용카드는 "이를 제시함으로써 반복하여 신용카드 가맹점에서 일정한 항목을 제외한 사항을 결제할 수 있는 증표로서 신용카드업자(외국에서 신용카드업에 상당하는 영업을 영위하는 자를 포함)가 발행한 것."[1]이라고 정의할 수 있다.

---

1 「여신전문금융업법」 제2조 제3항.

그리고 신용카드 회원은 "신용카드업자와의 계약에 따라 그로부터 신용카드를 발급받은 자."[2]라고 할 수 있다.

신용카드범죄는 과거 "신용카드의 거래 과정에서 발생하는 일련의 범죄"라고 하였으나 최근에는 "신용카드가 행위의 수단 또는 목적인 일련의 모든 범죄현상"이라고 폭넓게 정의할 수 있다. 신용카드 보급 초기에는 사용 후 미변제가 가장 빈번히 발생하는 범죄였다.

이후 원시적인 분실/도난카드 부정사용범죄는 현재까지 지속적으로 발생하고 있다.

2. 신용카드범죄의 변천사

신용카드범죄는 거래 초기부터 크게 4세대로 구분할 수 있다. 초기 신용카드범죄는 단순한 사용 후 미변제(사기죄 처벌)와 관련 가맹점의 과다 청구(허위청구에 의한 금원편취) 등이 있었다. 그러나 신용카드 산업의 급격한 성장과 더불어 그에 따른 범죄도 상당히 지능화, 첨단화되었다.

---

2   「여신전문금융업법」제2조 제4항.

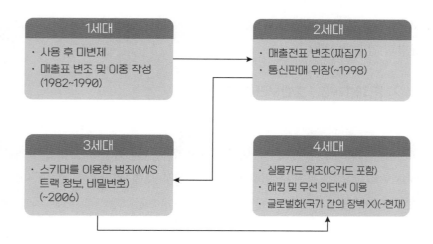

1세대	2세대
· 사용 후 미변제 · 매출표 변조 및 이중 작성 (1982~1990)	· 매출전표 변조(짜집기) · 통신판매 위장(~1998)

3세대	4세대
· 스키머를 이용한 범죄(M/S 트랙 정보, 비밀번호) (~2006)	· 실물카드 위조(IC카드 포함) · 해킹 및 무선 인터넷 이용 · 글로벌화(국가 간의 장벽 X)(~현재)

1) 초기 (1982~1990년 중반)

분실도난 부정사용과 고액을 사용 후 변제하지 않는 범죄가 가장 활발하게 발생하던 시기이다.

다수의 은행 및 신용카드 회사에서 다량의 신용카드를 발급받아 고액 사용 후 변제하지 않는 범죄가 발생하였다. 초기에는 전산 시스템이 미비하였고 신용카드 회원의 신용상태를 확인할 수 없었으므로 이런 범죄가 가능하였다. 또한 분실도난으로 인한 부정사용도 상당히 많이 발생하였다. 지금처럼 전 거래를 승인하는 시스템이 아니라 일정 금액(30만 원 이상)에 대해서만 카드사에서 승인을 내주는 시스템이였고 특히 분실신고 후에도 소액 사용은 계속 가능하였다. 카드사는 분실신고를 접수하고 매일 블랙리스트를 작성하여 익일 대형가맹점을 중심으로 배포하는 형태의 프로세스를 운영했다. 때문에 사고 신고가 지연되거나 사고 신고가 되어도 특정 금액 미만으로 사용하는 경우에는 직접적으로 막을 수가 없었다. 이후 카드거래 승인용 단말기(일명 '이지체크기')가 보급되고 전 거래 승인이 되면서 분실도난신고가 실시간 반영되어 부정사용이 상당히 감소했다.

2) 현재(1990년 중반부터 2020년)

위변조 부정사용과 비대면 부정사용(CNP), 국제적인 범죄가 일어난 시기이다. 1990년 초반부터 2008년도까지 신용카드 복제장비의 진화와 POS 단말기 해킹 등으로 인하여 전 세계에서 대면 위변조 부정사용이 지속적으로 발생하였다. 복제장비의 최신화(경량화, 소형화)로 ATM 기기에 복제장비를 설치하고 고객 정보를 수집한 뒤 수집한 정보로 다시 해외 ATM에서 부정인출하는 사례도 다수 발생했다.

마그네틱(MS) 위변조 사고는 IC 카드의 보급과 활성화로 감소하는 추세이며 향후 10년 내에는 마그네틱(MS) 위변조에 의한 부정사용은 발생하지 않을 것으로 보인다. IC 카드의 보급이 더욱 안전한 금융거래 질서 확보에 기여한 것이다.

그러나 인터넷의 보급으로 비대면 거래가 증가하면서 해킹, 파밍, 스키밍 등으로 타인의 신용카드 정보를 수집한 후 해외사이트 등에서 부정사용하는 등 비대면 범죄가 증가했다.

특히, 간편결제 제도의 활성화로 인하여 기존 액티브 X와 공인인증서의 사용이 폐지되면서 사용자 편리성과 간편성, 보편성으로 많은 이용자에게 환영을 받았으나 그 이면에는 부정사용의 증가라는 부작용이 있었다. 특히 해외사이트는 카드번호와 유효기간으로 결제가 가능한 곳이 많아서 도용된 신용카드번호에 의한 부정사용을 원천적으로 차단하는 것은 어려운 문제가 있다.

또한, 본인에 의한 비정상 사용도 지속적으로 발생하였으며 특히 카드깡을 통하여 금융질서를 어지럽히는 사례가 발생했고, 세금납부를 이용한 카드깡이 급증했다. 가족 등 제3자도 세금을 대신 납부할 수 있도록 사용자 편리성을 제고한 세금납부 시스템을 악용하여 타인의 세금을 납부한 것을 가장해 카드깡을 자행하고 그 과정에서 카드깡 업자와 세금대납알선 업자는 수수료를 챙기는 등 금융질서를 문란하게 했다.

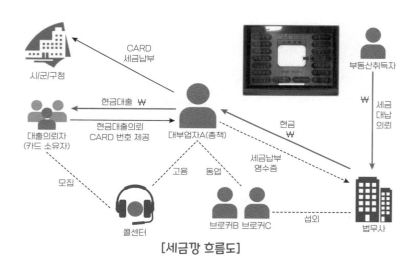

[세금깡 흐름도]

3) 미래(2023년 이후 ~)

본인에 의한 부정사용(Moral Wrongful use)과 비대면(CNP: Card Not Present) 부정사용, 자금세탁과 이슈가 지속적으로 발생할 것이다.

또한, 인터넷과 SNS의 발달로 인터넷을 통하여 국내 사이트나 해외 사이트에 접속해 물건을 구매할 때에 전통적으로 사용되었던 인증수단을 거치지 않고 신용카드번호와 유효기한 등으로 거래가 이루어지는 경우가 급성장하여 기존의 제3자에 의한 부정사용과 본인에 의한 정상사용 후 미사용을 주장하는 사례가 지속적으로 발생할 것이다.

특히 게임아이템, 게임머니를 신용카드로 구매한 경우 본인이 사용하거나 주변인이 사용했음에도 불구하고 본인 미사용을 주장하는 경우가 있고 해외 직구사이트를 통한 정상적인 구매임에도 수령한 물건의 내용물 이상이나 미수령 등을 이유로 환불하는 경우도 꾸준히 증가할 것이다.

현재는 글로벌화로 인해 해외 ATM에서 국내은행 계좌의 금원을 1일 인출한도와 상관없이 인출할 수 있게 되었다. 그 과정에서 범죄조직의 검은 돈이 세탁되거나 국내재산이 국외 도피될 수 있는 환경이 마련된다. 2018년 이후 인근 국가의 ATM에서 국내은행 계좌의 예금이 대량으로 인출되는 사례가 지속적으로 발생되었는데, 확인 결과 가상자산의 크로스보더(Cross-Border) 거래를 통한 시세차익을 노린 범죄였다. 현지에서 국내 계좌의 예금을 고액 인출하여 가상자산을 구매한 후 다시 국내 가상자산거래소를 통해 처분하고 현금화시키는 수법이 사용된다. 보이스피싱 등으로 국내대포통장 계좌로 자금을 이체한 후 다시 중국 등에서 대량으로 인출하거나 동남아 지역의 귀금속점에서 금을 구입하는 등의 방법으로 국내에서 거래 흔적을 남기지 않고 이루어지는 범죄도 발생하고 있다.

향후에도 동일 유형의 부정사용이 지속적으로 발생할 것으로 판단되는데, 이를 단순히 해외에서 자금이 인출되는 행위가 아닌 자금세탁 반복단계의 하나로 보아야 할 것이다.

또한, 국내가맹점 중 오프라인 가맹점의 경우 영세가맹점 및 중소형 가맹점을 대상으로 오프라인 PG[3]에 타업소 대리청구에 대한 이슈가 발생할 것이다. 현대 PG 산업의 경우 온라인 중소형 쇼핑몰이나 사이트

---

3 PG(Payment Gateway)사는 신용카드사와 가맹점계약을 체결하는 곳이 곤란한 중소 쇼핑몰을 대신해 카드사와 대표 가맹점 계약을 맺고 신용카드 결제 및 지불을 대행한 뒤 하부 쇼핑몰에서 수수료를 받는 업체를 말한다.

등에서 정상적인 가맹점 계약을 체결할 수 없어서 PG사를 통하여 카드사와 계약하였으나 오프라인 가맹점 중 영세사업자 및 중소형사업자의 경우에도 PG사를 통한 가맹점예약이 타업소 대리청구에 해당하는지에 대한 이슈가 발생할 수 있다.

3. 특성

신용카드범죄는 초창기보다는 더욱 지능화, 국제화되어 이제는 전 세계를 하나의 권역으로 하여 발생하게 되었고 특히 사이버상에서 발생하는 신용카드범죄는 오프라인상에서 발생하는 범죄의 수준을 뛰어 넘고 있다. 다음은 신용카드범죄의 특성에 대하여 살펴본다.

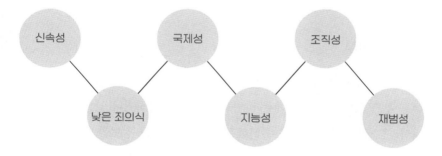

1) 죄의식 결여

죄의식 결여는 금융범죄의 대표적인 특성이라고 할 수 있다. 일반적인 재산형 범죄(사기 등)나 강력범죄(폭행, 상해 등)에 비해 금융범죄는 죄의식이 상당히 결여되어 있다고 할 수 있다. 우발적인 일회성 범죄의 피의자들은 주로 가족, 친구, 지인 등 주변인의 신용카드를 절취 또는 특정 목적이나 의도를 가지지 않고 임의로 사용하는 사례가 많다. 아울러 분실/도난된 신용카드를 부정사용하고 별다른 죄의식을 느끼지 않고 부정사용대금만 갚으면 된다는 인식을 가지는 등 다른 범죄의 비해 죄의식이 결여되어 있다.

신용카드범죄로 형사 입건된 범죄자들은 피해자가 받는 재산적 손해와 정신적 고통에 대하여 죄책감을 느끼기보다는 운이 없어서 형사 입건되었다는 생각을 가지는 경우가 많다.

2) 조직성

과거 지인들과 공모하여 신용카드범죄를 자행한 후 금원을 편취하는 경우가 많았으나 최근에는 각자의 역할을 분담하거나 같은 조직이 아니더라도 신용카드 정보를 수집하는 조직과 수집된 정보를 사용하는 범죄자 등이 나누어져 있어 범죄자를 검거하였다고 하더라도 모든 조직이나 범죄자를 검거하기는 힘들어지고 있다. 특히 해외에서 위조카드를 소지하고 국내에 입국하여 부정사용하는 경우는 단순 사용자만 처벌되는 경우가 많고 국제 공조를 통하여 현지에서 해당 범죄를 사주한 상선을 검거하기는 현실적으로 어려움이 있다.

최근 발생 사례가 높아지고 있는 비대면 범죄의 경우 악성코드 배포책, 개인정보(신용카드 등) 수집책, 개인정보 사용책, 사용물품 처분책 등으로 철저하게 자신들의 신분을 속이고 활동하는 경우가 많다.

3) 지능성

과거 단순한 분실/도난 신용카드의 부정사용이 지속적으로 발생하였으나 바로알림서비스[4]의 보급과 사용한도의 제한 등으로 분실/도난된 신용카드의 부정사용은 점차 감소하였다. 그러다 인터넷의 발달과 비대면 사용의 증가로 인하여 파밍[5]이나 스미싱[6]을 통해 타인의 개인정보를 수집하는 것이 쉬워지자 수집된 개인정보를 이용하여 주변인들에게 금전이나 신용카드 정보(비밀번호 포함)을 요구해 범죄를 저지르는 이들이 생겼다. 아울러 수집된 개인의 SNS(사회관계망)을 통하여 주변인들에게 또 다른 메신저피싱 등을 자행하고 금원을 지속적으로 편취하는 사례가 꾸준히 발생한다. 특히 인터넷, SNS 등에서는 대면거래가 아닌 비대면 거래를 통한 신용카드 거래가 발생하며 이상거래를 사전에 인지하여 차단하는 카드사의 FDS(이상거래탐지시스템)[7]의 특정 Rule 등을 인지하고 범죄를 자행한다.

또한, 카드사 내부 시스템의 허점을 이용하여 금원을 편취하는 사례도 지속적으로 발생하였다. 2016년도에 발생한 기프트카드 번호 런칭사건의 경우 카드사 홈페이지 기프트카드 한도조회 화면에서 CVC 값의

---

4 일명 SMS 서비스로 카드 사용 시 실시간으로 카드사용자(회원)에게 사용내역을 알려주는 시스템이다. 현재 국내 신용/체크회원은 70% 이상이 동 서비스에 가입되어 있다.

5 해커가 악성코드 등을 이용하여 이용자가 접속하는 사이트의 도메인 자체를 중간에 탈취, 가짜 사이트로 연결하여 해당 사이트에서 일어나는 모든 행위를 수집하는 이용하는 범죄이다.

6 문자 메시지(SMS, LMS)와 피싱의 합성어로 문자 메시지를 이용한 해킹 수법이다. '쿠폰발송, 경품당첨' 등 문자발송 후 해당 문자를 이용자가 클릭한 순간 악성코드가 유포되어 스마트폰의 모든 정보가 탈취된다.

7 FDS: 이상거래 탐지시스템(Fraud Detection System). 회원이 신용(체크)카드 이용 시 부정사용으로 의심되는 거래를 사전에 적발 및 검출하는 시스템으로 카드사, 은행 등 대부분의 금융기관에서 도입되어 운영되고 있는 시스템이다.

오류를 검증하지 않는다는 사실을 인지하고 기프트 카드번호를 1차적으로 임의생성한 후 카드사 홈페이지에서 기프트카드의 CVC 값을 검증하여 맞추고 인터넷쇼핑몰 등에서 다량으로 부정사용한 사건이었다. 신용카드나 체크카드는 ATM 사용 시 비밀번호가 3회 이상 틀린 경우 거래가 제한되나 기프트카드의 CVC 값 오류입력에 대한 거래정지는 전혀 고려되지 않아 발생한 사례였다.

1) 국제성

신용카드 범죄는 과거 분실/도난 범죄를 기반으로 다양한 형태로 진화하였으나 대부분 국내에서 발생했다. 그러다 국내외 겸용 카드의 출시, 해외 여행객의 증가로 인하여 해외에서 신용카드나 체크카드의 사용이 많아졌고 그와 함께 해외에서의 위변조 부정사용 사고 또한 늘어났다. 기존에는 현지에서 사용하는 과정상 신용카드 정보가 제3자나 범죄조직에 수집되어 위조카드에 의한 부정사용이 발생하는 유형이 대표적이었다. 신용카드 정보수집을 위하여 별도로 준비한 스키머(카드정보저장기계)를 이용해 사용과정상에서 회원을 기망하고 신용카드 정보를 수집하는 대면 정보수집 수법이다. 그러나 최근에는 ATM기에 몰래카메라와 정보수집 장비를 설치해 신용카드 정보와 비밀번호를 수집하는 수법과 POS 단말기 해킹, 피싱, 스미싱 등을 통한 정보수집 후 해외에서 부정사용하는 수법이 증가하는 추세이다.

전 세계를 단일 권역으로 놓고 CNP(비대면 거래) 부정사용이 지속적으로 발생하고 있으며 기존에는 동남아시아와 유럽, 북미 등에서 각각 발생하였으나 최근에는 특정(북미) 지역을 중심으로 발생하고 있다. 향후에도 신용카드범죄는 국경이 없는 글로벌 범죄로 더욱 진화할 것이다.

4. 신용카드범죄 발생 원인

급격한 대중화에 따른 사업성과 금융기관 수익창출 수단으로서의 높은 활용가치로 신용카드 산업은 질적·양적 성장을 보였다. 그러나 그와 함께 신용카드범죄라는 어두운 측면도 새롭게 부각되었으며, 이런 신용카드범죄는 아래와 같은 원인으로 발생하기 시작했다.

Low Risk High Return
- 타 범죄에 비해 RISK가 낮음
- 일단 성공하면 High Return 보장
- 지속/반복적인 부정사용 발생

관련자의 원인제공
- 개인/가맹점 약관 미준수(선관주의 의무 해태)
- 자기 과실 미인식
- 중재기관을 통한 민원 해결 모색

발생원인

도덕적 해이(Moral Hazard)
- 신용카드 범죄에 대한 죄의식 결여
- 타인 재산 경시 풍조 (분실카드 부정 사용)
- 전형적인 비대면 범죄

부정사용 수법의 진화
- 타 범죄에 비해 부정사용 수법 지속적 진화(오프라인 → 온라인)
- 부정사용의 글로벌화

1) Low Risk High Return

신용카드는 작은 플라스틱 지급결제수단을 사용하여 가맹점에 제시하는 방법으로 물품이나 용역을 제공받을 수 있다. 이처럼 작은 플라스틱 지급결제수단과 인자된 숫자로 인터넷 등에서 사용하다보니 타인이 해당 카드나 정보를 수집하여 부정사용하면 다른 금융범죄나 강력범죄에 비해 수사기관이나 관련 카드사나 금융기관 등에서 추적을 받는 Risk가 상대적으로 낮다. 1년에 발생하는 부정사용에 비해 실질적으로 부정사용을 확인하여 대금을 회수하는 경우는 거의 없다. 일단 성공만 하면 쉽게 금원을 편취할 수 있고 범행 시 검거될 위험도가 낮은 편이다.

2) 관련자의 원인 제공

신용카드는 위에 설명한 것처럼 지속적으로 반복사용할 수 있다. 그러나 카드를 반복적으로 제시하여도 가맹점에서는 최소한의 본인확인이나 서명대조 등을 소홀히 하는 경우가 많이 발생한다. 또한 영수증을 함부로 버리거나 신용카드나 체크카드 등을 분실하였는데도 신고시기가 늦어지는 등 카드 관리자로서의 의무와 가맹점으로서의 의무 등을 소홀히 하여 법죄가 발생하는 경우도 있다. 최근에는 개인의 신용카드나 체크카드 번호를 알려달라고 요청하는 메신저피싱 등이 기승인데, 아무런 의심 없이 알려주어 비대면 부정사용이 발생하기도 한다. 카드 발급이나 사용을 위한 본인확인 문자가 발송되어도 신경을 쓰지 않는 경우도 있다. 카드 관리자로서의 주의의무가 절실히 요구되는 상황이다.

3) 도덕적 해이(Moral Hazard)

강력범죄에 비해 금융범죄는 죄의식이 결여되어 있는 경우가 상당하며 범죄로서의 인식보다는 돈을 벌기 위한 하나의 수단으로 생각하는 경우가 있다. 특히 타인의 신용카드를 부정사용하여도 돈만 갚으면 된다고 생각하는 경우가 있고 회원 본인이 허위로 보상신청을 하고 적발되면 오인에 의한 신고라고 변명하는 경우와 누가 사용하였는지 알고 있으면서도 카드사나 금융기관에 적극적인 의사표시를 하지 않는 사례도 다수 있다.

더욱이 해외에서 직접 사용한 후 카드사나 수사기관의 현장조사가 불가하다는 점을 이용하여 허위로 분실신고를 한 뒤 금원을 편취하는 사례도 종종 발생한다.

이처럼 신용카드범죄에 대해서는 본인 및 제3자 모두 범죄라는 인식보다는 돈을 버는 하나의 수단으로 생각하는 경우가 많다.

4) 진화하는 수법

플라스틱 카드의 신용정보를 이용하여 사용하다보니 이 정보를 불법적으로 수집하는 방법이 더욱 지능화되고 진화하는 추세이다. 초창기 신용카드범죄는 분실/도난 기반의 부정사용이 대다수였다. 그러나 소형 카드정보저장기계(스키머)의 등장은 신용카드를 위변조하여 부정사용이 가능하다는 것을 전 세계가 인식하게 하였고 2007년부터 POS 단말기[8]를 해킹하여 신용카드 Track 정보를 수집하고 배포하는 등 위변조 부정사용의 국경이 허물어졌다. 또한, 2010년과 2015년도에 국내에서 발생한 ATM기 복제장비 사건은 ATM를 이용하는 경우 비밀번호를 손으로 가리는 등 별도의 물리적 보안을 강화해야 한다는 교훈을 주었다.

그리고 2018년 발생한 ATM기 해킹사건은 사용자가 물리적 보안에 신경을 쓴다고 하여도 ATM기 관리업체의 보안이 허술하여 외부에 노출된다면 더 큰 사고가 발생한다는 경각심을 주었다. 최근에는 회원의 휴대폰에 악성코드를 감염시키고 신용카드 정보 등을 탈취하여 사용하는 사례도 발생하고 있다.

이처럼 신용카드 부정사용 수법이 디지털 신기술과 접목하여 불가능하게만 여겨졌던 신용카드범죄가 발생하고 있다.

---

8 POS 단말기: POS(Point of Sales) 단말기는 판매·회계의 거점에서 컴퓨터 단말을 설치하여 판매정보 등을 시스터메틱하게 관리하는 시스템으로 국내 주요 가맹점에 설치하여 운영 중에 있다. 전체 가맹점 중 40% 이상이 POS 단말기를 사용하고 있으며 전체 카드매출에 90% 이상을 차지한다.

5. 신용카드범죄 종류

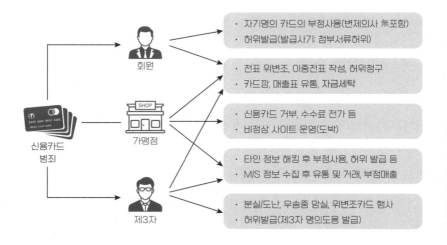

신용카드범죄

회원
- 자기명의 카드의 부정사용(변제의사 無포함)
- 허위발급(발급사기: 첨부서류허위)

가맹점
- 전표 위변조, 이중전표 작성, 허위청구
- 카드깡, 매출표 유통, 자금세탁
- 신용카드 거부, 수수료 전가 등
- 비정상 사이트 운영(도박)

제3자
- 타인 정보 해킹 후 부정사용, 허위 발급 등
- M/S 정보 수집 후 유통 및 거래, 부정매출
- 분실/도난, 우송중 망실, 위변조카드 행사
- 허위발급(제3자 명의도용 발급)

1) 가맹점범죄

가맹점범죄는 전통적으로 카드깡과 타업소 대리청구가 가장 많이 발생한다. 급전을 필요로 하는 사람과 세금을 납부하지 않으려는 업자들로 인해 카드깡과 타업소 대리청구범죄는 지속적으로 발전하고 있다. 이는 신용카드의 물리적인 보안(IC카드)과는 별개로 사회적 환경과 경제적 여건에 따라 꾸준히 발생한다.

(1) 카드깡범죄

급전이 필요한 회원에게 물품이나 용역의 공급이 제공된 것처럼 가장하여 신용카드로 허위매출을 작성하고 매출액의 일부에서 이자 및 취급수수료를 선공제한 후 차액을 현금으로 돌려주는 범죄수법이다. 회원들은 카드깡업소에서 발송한 SMS를 보거나 길거리 전단지 등을 보고 연락하여 카드깡을 받는다. 과거에는 카드깡 업자들을 위주로 처벌하였으나 최근에는 카드깡을 받은 회원에 대해서도 "사기의 공범"으로 약식 기소하여 처벌하고 있다.

과거에는 유령가맹점을 통해 허위매출을 발생시키는 대면 카드깡이 주로 발생했었고 선이자 수수료(카드깡 업자들의 주 수익원)가 25~30% 선이었다. 허위가맹점(가맹점 수수료가 낮고 간이과세자에 해당하는 등) 구입비용과 세금, 가맹점 수수료 등을 고려하여 약 30% 미만에서 거래된 것이었다. 최근에는 카드깡 수수료 하락하여 약 20% 미만에서 거래되고 있다. 대면 카드깡에서 비대면 카드깡으로 전환되었고 기존에 개설된 가맹점이나 현물깡[9]을 주로 이용하여 카드깡을 자행하기 때문이다. 최근에는 ATM기기의 세금납부 제도를 악용하는 카드깡이 성행하고 있다.

(2) 타업소 대리청구

카드깡의 한 유형이라고 할 수 있으나 카드깡은 소비자(급전 필요자)와 사업자 사이에서 발생하는 범죄 형태이나 타업소 대리청구범죄는 사업자 간에 발생하는 범죄 형태이다.

주로 세금을 탈루할 목적의 유흥업소나 사업자등록증이 없는 업소에서 사용한 회원들이 카드전표를 제3의 업소에서 발생한 것처럼 가장하여 카드사에 사용대금을 청구하는 방식이다.

유흥업소에서 세금을 탈루할 목적으로 제3의 가맹점으로 자신의 업소에서 발생한 매출을 유통시키는 경우가 주를 이룬다. 해당 업소들이 세금 관계, 가맹점 수수료 등을 이유로 타업소 대리청구 행위에 대하여 정당성을 주장하는 경우도 있으나 모두 형사처벌 대상이다.

---

9 신용카드 소지자에게 물품판매를 가장하여 허위매출표를 작성하는 방법이 아닌 고가의 환가성이 높은 물품(금, 명품 등)을 직접 구매하게 유도한 후 구입물품을 할인해서 매입하는 행위.

[카드깡과 타업소 대리청구 비교표]

구분	카드깡 이용 회원	타업소 대리청구 이용 회원	비고
연체발생 가능성	높음(80% 이상)	거의 없음	
형사책임	있음(사기의 공범)	없음	
가맹점 상호 등	인지하고 있음	모르고 있음	
회원의 신고의무	있음	있음	비강제적
사전 교육	카드사 대응 요령 교육 받음	없음	
발생시간대	일과시간(09~18)	야간, 새벽시간(19~06)	

(3) 대포가맹점범죄

과거 카드깡, 타업소 대리청구에 직간접적으로 사용된 가맹점은 모두 타인 명의의 가맹점을 직접 구입하여 범행에 사용한 것이었다. 가맹점의 명의인들은 가맹점 모집책에게 금전을 받고 자신의 명의를 타인에게 양도하였고 가맹점 대표자들은 모두 "바지사장"이라는 이름으로 불리게 되었다. 최근에는 가맹점을 자신이 직접 가입 및 개설하고 해당 가맹점을 타인에게 대여하여 수익의 일부를 배분해 금원을 편취하는 사례가 지속적으로 발생하고 있다.

가맹점을 개설한 후 국내에서 직접 대여하여 영업하는 경우도 있으나 대부분 중국 등 제3국으로 카드단말기를 반출하고 현지에서 불상의 매출을 발생시킨다. 해당 카드의 매출대금이 카드사에서 입금되면 관련 대금을 배분하여 중간알선 업자와 중국 등 제3국의 가맹점 운영자에게 불법 외화송금방식(일명 환치기)으로 대금을 송금하는 것이다.

전형적인 자금세탁범죄로 2016년부터 2019년까지 가장 많이 발생하였으나 각 카드사가 거래발생 시마다 IP 등을 확인하고 해외에서 발생한 매출에 대하여 원천적으로 차단하고 나서자 단말기 반출사례가 감소하였다. 그러다 최근에는 QR(Quick Response)[10] 코드 결제 가맹점의 QR 코드를 사진 등으로 전송하고 중국 등의 현지에서 QR 코드를 스캔하여 매출을 발생시키는 부정사용이 발생하고 있다.

단말기를 현지로 발생시켜 불상의 매출을 발생시키는 사례와 동일한 유형의 부정사용으로 스마트폰의 APP과 QR을 통하여 자금세탁 의심거래가 발생하는 형태이다.

그러나 사용회원이 미사용 주장 민원을 제기할 경우 보상 주체에 대한 이슈가 있다. 카드단말기를 국외로 반출하여 발생하는 매출형태가 IC카드 거래가 아닌 카드 뒷면의 자기띠를 읽혀서 승인이 발생하는 경우에는 국내 가맹점을 관리하는 카드사(매입사)에서 비용을 부담하고 QR 코드를 통한 발생한 매출에 대해서는 카드발행사에서 비용을 모두 부담한다.

다만 해외 단말기나 QR을 통해 결제되는 경우는 자금세탁방지 제도의 의심거래(STR)에 해당하여 각 금융기관의 보고의무가 발생할 수 있다.

---

10 QR 코드 결제: 격자 무늬 QR 코드에 결제 정보가 담겨있고 이용자가 스마트폰 앱(응용 프로그램)에서 QR 코드를 찍거나(MPS 방식) 사용 가맹점에서 QR 코드를 스캔(CPM 방식)하면 결제가 이루어지는 시스템.

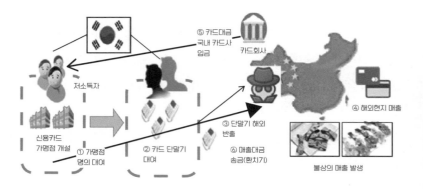

[대포가맹점 범죄 흐름도]

2) 회원 및 제3자 범죄

회원 및 제3자 범죄는 전통적으로 자신이 카드를 사용하고 변제하지 않는 고액연체범죄와 타인의 카드를 절도, 습득하여 임의로 사용하는 분실/도난 범죄, 카드 소유주에게 신규 및 갱신된 카드가 전달되는 과정에서 절취하여 사용하는 우송중망실 범죄, 타인의 개인정보를 수집(도용)하여 허위로 발급하여 부정사용하는 제3자 허위발급과 타인의 신용카드 정보를 수집(도용)하여 위변조카드를 제작해 부정사용하는 위변조 범죄 등으로 나눌 수 있다.

국내에서는 IC 카드 환경과 상관없이 분실/도난 부정사용범죄가 가장 많이 발생하고 해외에서는 타인의 정보가 제3자에게 수집되어 발생하는 위변조(개인정보도용 포함) 부정사용이 가장 많이 발생한다.

(1) 분실도난 범죄

신용(체크)카드의 분실, 도난사고가 발생했을 때, 해당 카드의 소유주가 사고신고를 하기도 전에 제3자에 의하여 카드가 부정사용되는 범죄이다. 신용카드를 가장 많이 분실하는 장소는 ATM기 주변으로 예금이나 단기카드론을 이용하고 ATM기 주변에 카드를 놓고 가는 경우가 많다. 그 외에는 셀프주유소, 지하철, 택시, 버스, 노상 등의 순으로 신용(체크)카드 분실사고가 발생한다.

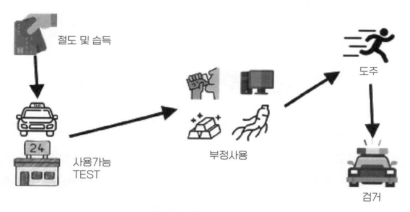

절도 및 습득

사용가능
TEST

부정사용

도주

검거

[분실도난범죄 흐름도]

(2) 우송중망실범죄

신용(체크)카드가 신규 또는 갱신, 재발급되어 카드 신청자에게 전달되는 과정에서 제3자가 절취 및 수령하여 부정사용하는 범죄이다. 카드발행 초창기부터 지속적으로 발생하던 범죄였으나 카드 배송방법을 변경(기존 등기우편에서 직접 인편전달방식)하여 우송중망실 사고가 많이 감소하였고 이후 사전 개시 등록제 시행에 의해 매년 50건 미만으로 상당히 감소하였다. 기존에는 회원이 전혀 모르는 제3자의 의한 부정사용이 대부분이었으나 최근에는 회원 주변인에 의한 부정사용으로 나타나고 있다.

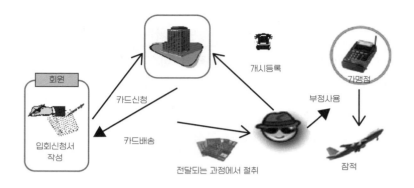

[우송중망실 범죄 흐름도]

(3) 허위발급

허위발급은 제3자가 회원의 명의를 도용하여 발급하는 제3자 명의
도용범죄와 자신의 소득증명서류를 허위로 작성하여 부정하게 발급받
는 발급사기범죄로 나눌 수 있다. 발급사기범죄는 회원 본인의 소득 수
준이나 상환능력이 객관적으로 부족함에도 마치 정상적으로 신용카드
를 사용할 수 있는 것처럼 서류를 허위로 작성하여 신용카드를 발급받
고 상환하지 않는 유형이다.

제3자 명의도용범죄는 회원의 명의를 제3자가 도용하여 신용카드를
발급받아 부정사용하는 유형인데, 과거에는 신용카드를 모집하는 모집
인들이 1매의 입회신청서만을 작성하여야 함에도 불구하고 다수의 입회
신청서를 작성하고 자신이 수령하여 임의로 사용하는 형태의 범죄였다.
그러나 최근에는 대출 알선을 빌미로 개인정보를 수집하고 수집한 정보
로 신용카드를 발급받아 부정사용하는 형태로 진화하였다. 특히 신용카
드를 신청하는 채널이 다양화되어 있어 기존의 대면 신청에서 비대면 신
청(전화, APP 활용 등)으로 대부분 진화되어 제3자 명의도용범죄는 꾸준히

발생되고 있다.

아울러 부정사용이라는 것을 늦게 인지하는 문제도 존재한다. 대부분 초기에는 정상적인 결제가 이루어지기 때문에 카드 발급사에서는 인지하지 못하는 경우가 다수 있고 신용카드 대금이 연체되어야 인지하는 경우가 보통이다. 또한 특정 카드사에서만 발생하지 않고 다수의 카드사에서 동일한 유형으로 발생한다.

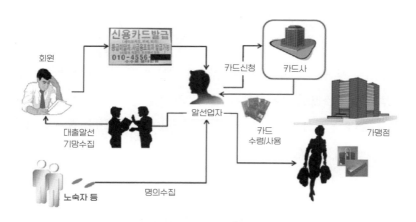

[허위발급범죄 흐름도]

(4) 위변조범죄

신용(체크)카드의 정보를 수집하고 동일한 복제카드를 제작하여 부정사용하는 범죄이다.

기존에는 주요소, 편의점 등에 위장취업한 후 복제장비를 이용한 대면 스키밍으로 신용(체크)카드 뒷면의 마그네틱에 수록된 신용카드 Track 정보를 수집하여 부정사용에 이용하였다. 그러다 2001년 후반부터는 중소형가맹점에 설치된 POS 단말기를 해킹하여 해당단말기에 잔존하는 신용카드 Track 정보를 수집하는 비대면 스키밍의 방법으로 신용카드 정보를 수집하고 세계 각지에서 위조카드를 제작하여 부정사용하는 방법으로 진화하였다.

이후 ATM기에 복제장비를 설치하고 신용카드 Track 정보와 비밀번호를 수집하거나 직접 ATM기를 해킹하여 이용자의 신용카드 Track 정보와 비밀번호를 수집하는 방법으로 위변조 부정사용범죄가 자행되었다.

현재는 대면/비대면 스키밍보다는 좀 더 진화된 수법(파밍, 스미싱 등)을 통하여 신용카드 정보(카드번호, 유효기한 등)를 수집하고 해외 특정사이트에서 부정사용하는 비대면 부정사용(일명 CNP 범죄)이 꾸준히 증가하고 있다.

IC 카드 보급으로 마그네틱에 수록된 정보가 유출되어 발생하는 위변조범죄는 감소하였으나 사용자 편리성의 기반을 둔 간편결제 방법을 악용한 CNP 범죄가 새롭게 등장하면서 신용카드 위변조범죄의 패러다임(Paradigm)이 변화한 것이다.

| 스키밍 | POS 해킹 | ATM 복제장비 | ATM 해킹 |

[카드정보 수집 유형]

3) 기타 신용카드범죄

(1) 사이버 신용카드범죄

피싱, 스미싱의 개인의 정보를 탈취하기 위한 수단으로 회원이 소지하고 있는 휴대폰이나 모바일기기, 개인 PC를 악성코드에 감염시키거나 회원으로 하여금 개인정보를 입력하게 하는 등의 방법으로 개인정보를 수집하였다. 이렇게 수집된 정보로 보이스피싱을 시도하거나 주변인에게 본인을 가장한 금융사기를 자행하는 데 주로 이용되어 왔으나 최근에는 수집된 개인정보로 인터넷에서 상품권 또는 환가성이 높은 물품을 구매하거나 고액의 카드론 대출을 받아 부정사용자에게 이체하는 등의 방법으로 진화되었다.

회원에게 대출알선 문자를 발송하고 이 문자를 받은 회원이 연락을 하면 본인인증을 위한 SMS가 발송되었다며 인증번호를 받고, 이후에 다시 평소에 사용하는 신용카드의 비밀번호 2자리를 알려달라고 하여 알려주면 자신도 모르게 인터넷에서 고액의 매출이 발생한다. 회원이 카드사에서 보내온 SMS를 보고 왜 매출이 발생하냐고 물으면 대부분 한도를 증액하기 위해서 매출을 발생시킨 것이라고 회원을 안심시키고 이후 모바일 상품권을 모두 소진시킨다.

회원은 자신의 신용(체크)카드가 온라인에서 사용될 수 있도록 휴대폰 점유인증과 활성화가 완료된 것을 전혀 모르고 있다가, 상대방에게 기망당한 사실을 나중에 알고 카드사나 금융기관에 민원을 제기한다. 그러나 보상을 받을 수 있는 방법이 없는 경우가 많다. 비밀번호 유출에 따른 부정사용은 대부분 회원의 중대과실이 되기 때문이다.

(2) 보이스피싱 인출 이용

보이스피싱 등 전기통신금융사기범죄의 경우 타인을 기망하여 금전을 대포통장으로 받고 이후 직접 인출 또는 타계좌 이체 후 인출 등을 통해 현금화하는 경우가 다수였다.

그 과정에서 인출책이나 대포통장 판매자 등이 형사입건되어 실형을 선고받고, 타인을 인출책으로 사용하였다가 배달사고도 지속적으로 발생하는 경우가 많았다.

최근에는 보이스피싱 등으로 입금된 대금을 국내에서 직접 인출하지 않고 중국 등의 ATM기에서 직접 인출하는 경우와 마카오 등의 명품코너에서 고가의 명품을 직접 구입하는 경우가 꾸준히 발생하고 있다. 아울러 해외 가상화폐 가맹점에서 직접 가상화폐를 구입하는 사례도 지속적으로 발생하고 있다.

대포통장을 판매한 사람을 형사입건 등으로 강력하게 처벌하자 요즘은 직접적으로 통장을 구입하기보다는 대출알선 등을 빌미로 대출이 필요한 개인의 통장과 체크카드를 넘겨받고 해당 계좌를 이용하여 보이스피싱 대금을 이체받아 해외 등에서 직접 인출이나 해당 계좌와 연결된 체크카드를 사용하는 식으로 대포통장을 직접 구하지 않고 정상적인 계좌를 범죄에 이용하고 있다.

(3) 체크카드 이용한 자금세탁

자금세탁은 앞에서도 설명한 바와 같이 "재산의 위법한 출처를 숨겨 적법한 자산인 것처럼 가장하는 과정"으로, 범죄 행위에 의하여 취득한 불법적인 재산을 합법적인 재산으로 가장하는 과정을 주로 의미한다. 기존에는 불법 외화송금(일면 '환치기')을 통하여 국내 재산을 해외로 반출하거나 해외에서 벌어들인 재산을 국내로 반입하는 등의 형태였으나 최근에는 가상화폐의 등장과 신용(체크)카드의 활용으로 자금세탁의 유형이 진화하였다. 특히 국내에서 발행하는 체크카드의 경우 대부분 국외에서도 본인의 계좌에서 대금을 인출할 수 있는 기능이 내장되어 있는 경우가 많다. 아울러 해외에서 자신의 계좌에서 돈을 인출하는 경우 1회 인출한도에 대해서는 영향(대부분의 국가들이 $700~$1,000 내외로 운영)을 받으나 1일 인출한도의 영향은 받지 않는다.

보이스피싱으로 입금된 대금을 중국 등의 제3국에서 인출하는 경우와 마카오 등에서 고액의 명품을 구매하고 가상화폐의 크로스보더(Cross Border Transaction) 거래를 위하여 일본 등에서 고액으로 인출하는 등의 유형의 자금세탁 행위가 꾸준히 발생되고 있다. 또한 국내 QR 가맹점의 QR 코드 사진을 찍어 국외로 반출한 뒤, 현지에서 불상의 매출을 고액으로 발생시키고 국내에서 인출하여 중간 업자 등에게 지급하는 방식도 확인되고 있다.

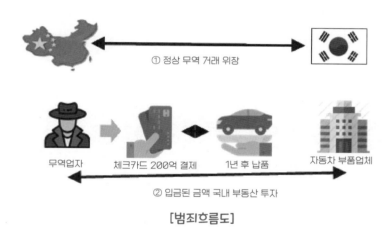

[범죄흐름도]

6. 주요발생사례

1) 지인 사칭 카드정보 수집 사건(2020년)

특정 개인의 대형포털 아이디와 비밀번호를 해킹한 후 대포폰 주소록으로 모두 옮기고 특정 메신저 응용 프로그램을 설치해 피해자를 사칭(프로필을 캡쳐하여 따라함)한 범인은, 지인들에게 마치 정상적인 본인인 것처럼 연락해 "식당에 왔는데 지갑을 가져오지 않았다." 등의 사유를 들어 송금받아 편취하는 수법을 사용했다. 또한 가족을 사칭하여 외상 값을 갚아야 한다며 송금을 요청해 편취하는 수법, "물품결제를 인터넷 으로 해야 한다"라면서 카드번호나 비밀번호를 요구하여 수집하고 고액 의 모바일 상품권 등을 구입하는 식으로 범죄를 저질렀다. 대부분 메신 저피싱의 일종으로, 특정 메신저 응용 APP을 통해 발생하고 고액보다는 소액편취가 주로 발생하고 카드정보와 비밀번호를 직접 수집하여 부정 사용하는 사례이다. IP를 분석한 결과 중국 등에서 인입된 경우가 많았 고 모바일 상품권 수령하여 직접 현금화하는 등 점점 범죄가 지능화되 어 가고 있다.

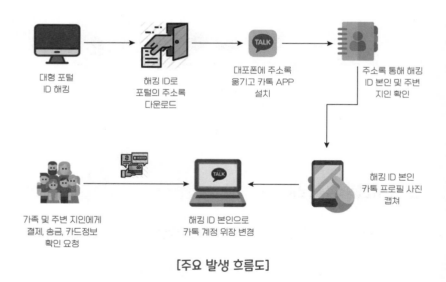

[주요 발생 흐름도]

2) 아랍 왕세자 사칭 사건(2020년)

중동 지역의 왕세자를 사칭해 국내 무역업체에 접근하여 허위주문을 하고 실물카드를 촬영한 사진을 국내로 전송하여 고액의 승인을 발생시키는 사건이다.

신용(체크)카드의 경우 현장에서 직접 거래가 이루어져야 되며 카드의 승인 방식도 IC 칩을 직접 리딩하거나 카드 뒷면의 마그네틱을 통한 거래승인이 이루어져야 한다. 그러나 업체는 카드 사진을 사용해 Key-in(카드단말기에 카드번호를 직접 입력하여 승인방식) 방법으로 승인을 받고 수억 원의 허위매출을 발생시켰다. 수사기관의 조사결과 아랍 왕실의 왕자라는 정보는 모두 허위였고 국내 가맹점 또한 물품을 중동으로 배송시키거나 샘플 등을 거래한 바가 전혀 없이 금원을 편취하기 위하여 중동 지역의 브로커 A씨와 결탁해 발생시킨 것으로 확인되었다. 해외카드 소지인들이 모두 현지 카드발급사에 미사용 이의신청서를 제출하였음에도 가맹점 대표자는 정상 거래라고 주장하였으나, 수사결과 모두 허위임이 드러났다.

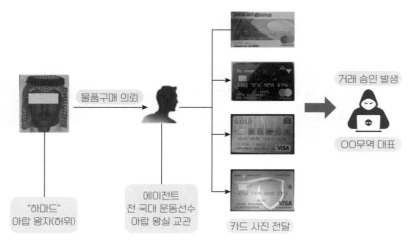

[주요 발생 흐름도]

ㅇ개인정보(법률에 따른 정의)

1. 「개인정보보호법」(제2조 제1항)

살아있는 개인에 관한 정보로서 성명, 주민등록번호 및 영상 등을 통하여 개인을 알아볼 수 있는 정보(해당 정보만으로는 특정 개인을 알아볼 수 없더라도 다른 정보와 쉽게 결합하여 알아볼 수 있는 것을 포함)

2. 「전자서명법」(제2조 제13호)

생존하고 있는 개인에 관한 정보로서 성명, 주민등록번호 등에 의해 당해 개인을 알아볼 수 있는 부호·문자·음성·음향·영상 및 생체특성 등에 관한 정보(당해 정보만으로는 특정 개인을 알아볼 수 없는 경우에도 다른 정보와 용이하게 결합하여 알아볼 수 있는 것을 포함)

3. 「정보통신망 이용촉진 및 정보보호 등에 관한 법률」(제2조 제6호)

생존하는 개인에 관한 정보로서 성명, 주민등록번호 등에 의해 당해 개인을 알아볼 수 있는 부호·문자·음성·음향 및 영상 등의 정보(해당 정보만으로는 특정 개인을 알아볼 수 없더라도 다른 정보와 쉽게 결합하여 알아볼 수 있는 것을 포함)

제

/

8

/

장

환치기범죄

제8장

환치기범죄

　환치기범죄란 일명 무등록 외환거래로 불법환전, 불법송금을 통칭한다. 외국환 취급기관을 거치지 않고 외화를 거래하는 행위로서 법정 통화가 다른 두 나라에 각각의 계좌를 만든 뒤 한 국가의 계좌에 돈을 넣고 다른 국가에 만들어 놓은 계좌에서 그 나라의 통화로 지급받는 불법 외환거래가 대표적인 수법이다.

　최근 환치기는 국내에서 환치기 업자에게 돈을 송금하고 홍콩, 마카오 등에서 이를 전달받아 도박자금에 사용하거나 비트코인 등 가상자산을 이용하여 환치기를 하는 등 다양하게 이용되는 경우가 많아 이에 대한 처벌수위를 높여야 할 것이다.

　외국환을 취급하는 기관은 반드시 「외국환거래법」 제8조에 따라 기획재정부장관에게 신고해야 한다.

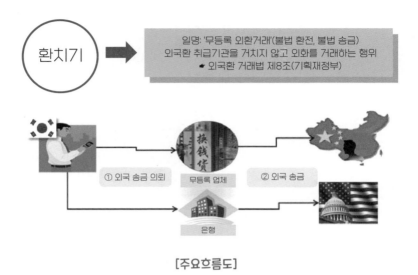

[주요흐름도]

1. 발생원인

1) 송금비용 저렴

불법체류자, 국내 외국인 노동자, 유학생 자녀 해외의 경우 송금 수수료가 저렴하다. 제도권 대비하여 통상 50% 이상 수수료가 저렴한 경우가 많고 특히 국내에서 해외로 송금할 경우에는 별도의 송금 수수료를 받지 않는 경우도 있다.

2) 국내 세원 은폐(익명성)

관세를 포탈하거나 해외 부동산을 구입하는 등 불법적인 자금이나 비자금을 조성하는 데 이용되기도 한다. 그리고 수출·수입업자 간 실거래 가격을 낮게 신고하고 차액은 환치기 계좌를 이용해 정산하여 관세를 포탈한다. 그리고 국내 재산을 국외로 빼돌리는 수단으로 이용되기도 한다.

3) 편리·신속성, 재테크

용도, 목적 기재 등 복잡한 제도권의 송금 절차를 회피하고 신속한 자금 이용을 통한 환차익으로 재산상의 이익을 도모한다. 환율이 상승한 경우 해외에서 국내로의 환치기가 증가하며 환율이 하락하는 경우 국내에서 해외로의 환치기가 증가한다.

4) 범죄 이용

보이스피싱 등 금융사기범죄와 마약, 테러자금 등 불법자금 이동 통로로 이용된다. 국내에서 인출 후 환치기를 통해 국외 송금하는 방식으로 불법자금을 송금한다. 최근에는 가상화폐를 이용한 환치기와 핀테크가 접목된 소액 송금수단을 활용하는 경우가 증가하고 있다.

2. 유형

1) 1인형

1인이 양 국가에 계좌를 개설한 후 환치기 브로커로 활동하는 경우이다. 국내 환전상이 보이스피싱 송금책으로부터 현금을 받아 본인의 외국계좌에서 출금 또는 이체하여 범죄 조직이나 현지 자금 수요자에게 전달한다.

2) 보따리상

보따리상(주변 국가에서 국내로 상업적인 목적으로 소량의 물건을 소지하고 왕래하는 상인)이 외화를 현물로 반출입하는 형태이다.

3) 가족형

국내외 가족 및 친인척의 명의로 계좌를 개설한 후 가족 단위로 환치기범죄에 가담하는 형태이다. 국내 송금의뢰인에게 의뢰를 받으면 국외 가족을 통하여 의뢰금액을 수금인에게 전달하는 방법을 사용하며, 대부분 수수료는 수취인이 부담하는 경우가 많다.

4) 분산송금형

송금 명의자를 모집하여 건당 별도의 사례비를 주고 분산해 외국으로 송금하는 수법으로 과거 단체 여행객을 대상으로 외화를 분산하여 전달하고 도착지에서 되돌려받는 범죄가 발생한 바 있다.

5) 카지노 브로커형

국내외에서 브로커 계좌에 외화나 원화를 입금하고 입금한 금액만큼 해외 현지 카지노에서 사용할 수 있는 칩을 받아 원정 도박을 자행하는 수법이다.

6) 조직 거래형

국내 환치기 업자와 해외 환치기 업자가 결탁하여 대규모의 자금을 환치기하는 형태이다. 국내에서 해외로 송금을 의뢰할 경우 국내에서 송금할 금액을 국내 환치기 업자 A에게 주고 A는 해외 환치기 업자 B에게 연락하여 현지에서 송금받을 사람에게 직접 현금을 전달한다. 해외에서 국내로 송금을 하는 경우에는 역으로 해외 환치기 업자 B가 국내 환치기 업자 A에게 연락하여 국내에서 송금받을 자에게 대금을 전달한다.

조직 간에는 차액만을 정산하며 해당 차액은 정기적으로 직접 현금을 소지하고 현지에서 전달하거나 무역상을 가장하여 입국한 조직원이 국내에서 전달받은 돈으로 PC 등 중고 가전제품을 구입해 출국 후 현지에서 현금화하는 경우도 있다. 그러나 최근에는 가상화폐를 통한 자금 정산이 이루어지고 있다.

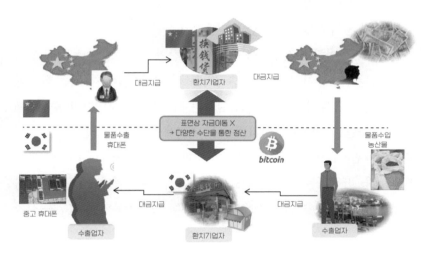

[조직 거래형 흐름도]

3. 유사환치기 사례

하왈라는 은행을 통하지 않고 전 세계에서 입출금이 가능한 아랍권의 전통 송금 시스템이다. 과거 실크로드를 경유하여 무역거래를 했던 상인들이 물건을 가지고 현지에서 교역 후 물품대금을 수령하여 본국으로 돌아오는 길에 도적들에게 현금을 모두 갈취당하는 사례가 발생하자 물건만 전달하고 물품대금은 고향에서 받는 시스템이 갖추어지면서 생겨났다.

그러나 911 테러 당시 테러자금이 하왈라 시스템을 통하여 유입되었다는 FBI의 조사결과가 나오면서 많은 이들이 부정적인 시각으로 바라보게 되었다.

하지만 아랍권은 금융선진국에 비하여 은행영업점이 거의 없고 특히 현금을 인출할 수 있는 ATM 등의 보급이 낮아 현금을 쉽게 찾을 수 있는 장소가 없어 하왈라 시스템의 의존도가 높을 수밖에 없다.

하왈라는 아랍어로 신뢰를 뜻하며, 약간의 수수료만으로도 세계 어느 곳이든지 송금이 가능하다. 송금자는 전 세계에 산재해 있는 하왈라 점포에서 약간의 수수료를 내고 별도의 비밀번호를 부여받아 수취인에게 전달하면 수취인은 자신의 원하는 지역에서 직접 현금을 받을 수 있다. 이런 편리함으로 국제테러조직에 의한 자금전달에 악용되는 사례가 발생했다. 하왈라는 송금이 완료되며 모든 서류가 폐기되어 정확한 자금흐름을 확인할 수 없기 때문에, 자금세탁으로 활용되는 경우가 상당하다.

4. 불법 환치기 형사처벌

1) 「외국환거래법」 위반

외환거래를 할 때는 법에 따라 정부 또는 금융기관에 거래를 신고해야 하며 불법 환치기와 같이 신고 없이 외환을 송금하거나 수취할 경우 외국환거래법 위반이 되고, 3년 이하의 징역 또는 3배 이하의 벌금에 처해질 수 있다. 여기서 벌금은 불법으로 취득한 금액의 3배 이내에서 부과될 수 있다.

특히 범죄 금액이 클수록 더 무거운 처벌을 받으며, 반복적으로 불법 환치기를 하거나 조직적인 범죄일 경우 더욱 엄격한 처벌이 내려질 수 있다.

2) 「특정 금융거래정보의 보고 및 이용 등에 관한 법률」 위반

불법 환치기범죄는 종종 자금세탁과 연관되어 불법 자금의 거래를 은닉하거나 감추는 행위에 대해 추가적인 처벌이 부과될 수 있으며 5년 이하의 징역 또는 3천만 원 이하의 벌금에 처할 수 있다.

3) 조세포탈죄

불법 환치기를 통해 세금을 회피하거나 포탈할 경우, 조세범 처벌법에 따라 조세포탈죄가 성립할 수 있고 조세포탈액에 따라 1년 이상의 유기징역 또는 포탈한 세액의 최대 3배에 달하는 벌금이 부과될 수 있다.

4) 조직적인 범죄 가담 시

불법 환치기가 단순한 개인 거래를 넘어 조직적인 형태로 이루어졌을 경우, 범죄단체 조직죄가 적용될 수 있으며 범죄단체 조직 또는 활동에 가담한 경우, 4년 이상의 징역에 처해질 수 있다.

제

/

9

/

장

내부자범죄

제 9 장

내부자범죄

1. 개념

금융기관은 국가 경제의 핵심적인 역할을 수행하는 기관으로, 내부
자범죄는 금융기관의 신뢰성을 크게 훼손할 수 있다. 특히 조직 내부의
정보를 악용하여 경제적 손실뿐 아니라 사회적 혼란을 초래할 수 있다.

금융기관에서 발생하는 내부자범죄는 금융기관에 소속된 임직원, 대
리인 또는 기타 관련자가 자신의 직무나 지위를 이용하여 고의적이거나
부정하게 금융기관 또는 고객의 자산에 손실을 초래하거나, 불법적 이익
을 취하는 범죄를 말한다. 이 범죄는 금융기관의 신뢰성을 훼손하고, 고
객 및 투자자의 자산 보호에 심각한 위험을 초래할 수 있으며 금융당국
의 관리 감독의 신뢰성과 국가 신뢰도에 악영향을 미친다.

2. 특성

① 내부자의 지위 남용: 금융기관의 내부자로서 얻는 권한이나 정보 접근 권한을 악용하여 범죄를 자행한다. 주로 고객 정보나 금융 거래 정보를 부정하게 이용하는 경우가 여기에 해당된다.

② 고의적인 부정 행위: 사기, 횡령, 배임, 정보 유출 등 의도적인 부정 행위를 통해 금융기관에 피해를 입히거나, 개인적인 이익을 취한다.

③ 금융기관의 자산이나 고객 자산의 손실: 내부자의 범죄로 인해 금융기관 자체 또는 그 고객이 금전적인 손실을 입게 된다. 이는 고객의 신뢰를 저하시키고 금융 시스템의 안정성을 위협한다.

④ 복잡한 금융 시스템의 악용: 금융기관 내부자들은 복잡한 금융 시스템과 절차를 잘 알고 있기 때문에, 이를 악용해 자금 세탁이나 대출 사기 등의 범죄를 저지를 수 있다.

3. 발생유형

1) 횡령 및 배임

내부자가 금융기관의 자산이나 고객 자금을 불법적으로 빼돌리거나, 고의로 금융기관에 손해를 입히는 행위를 말한다. 은행 계좌에서 고객의 돈을 무단으로 인출하거나, 회사 자금을 개인 용도로 사용하는 것이 포함된다.

2) 정보 유출 및 사기

금융기관 내부자가 고객 정보나 기업의 기밀 정보를 외부에 판매하거나, 이를 통해 부당한 이익을 취하는 행위이다. 고객의 금융정보나 거래 내역을 이용한 사기 행위가 여기에 해당된다.

3) 대출 사기

내부자가 대출 절차를 조작하여 부실 대출을 승인하거나, 허위로 대출 신청을 해 돈을 빼돌리는 경우이다. 실제 대출 자격이 없는 사람에게 대출을 승인하거나, 허위 서류를 제출해 대출을 받는 방식으로 이루어진다.

4) 자금세탁 행위 및 관여

금융기관 내부자가 불법적으로 취득한 자금을 금융기관을 통해 합법적인 자금으로 위장해 세탁하는 행위이다. 내부자의 지위를 활용해 금융 시스템을 이용한 자금세탁 행위를 직간접적으로 발생시킨다.

5) 주식 및 투자 사기

내부자가 미공개 정보를 이용해 주식 거래를 하거나, 고객에게 부당한 투자 상품을 권유해 이익을 취하는 경우이다. 내부 정보에 접근할 수 있는 자가 해당 정보를 이용해 불법적으로 주식 거래를 하거나, 고객의 손해를 감수하고 자신의 이익을 챙기는 행위가 여기에 포함된다.

4. 발생원인

내부자범죄는 주로 경제적 이익을 위한 개인의 탐욕에서 발생하며, 조직 내의 허술한 내부 통제 시스템이 주요 원인으로 작용한다. 또한, 금융기관의 복잡한 조직 구조와 기술 발전으로 인한 범죄 수법의 고도화도 내부자범죄 발생의 중요한 요인이다.

금융기관 내부자범죄는 금융기관 내부에서 근무하는 직원이나 임원이 그들의 직무상 지위를 악용해 저지르는 불법 행위를 의미한다. 이러한 범죄는 금융 시스템의 신뢰를 손상시키고, 경제 전반에 심각한 영향을 미칠수 있다. 내부자범죄는 여러 요인이 복합적으로 작용한 결과이다.

1) 내부 통제 및 감독의 부실

금융기관의 내부 통제 시스템이 제대로 작동하지 않을 경우, 내부자가 부정 행위를 저지를 가능성이 커진다. 내부 감사나 감독 시스템이 허술하고 부적절한 경우, 범죄가 쉽게 발생할 수 있다. 특히 금융기관의 규모가 클수록 더 큰 위험 요소가 된다.

2) 동기와 기회 제공

금융기관 내부자는 다른 업종에 비해 고액의 자금이나 자산을 직접적으로 다루게 된다. 자금 조작이나 정보 오남용의 기회가 많아 범죄를 저지르기 쉬운 환경이 마련된다. 또한 경제적 압박이나 개인적인 탐욕, 목표 달성을 위한 압박감 등으로 인해 동기가 형성될 수 있다.

3) 규제 기관의 부족한 감시

금융기관을 외부에서 감시하는 규제기관이나 감독 당국이 범죄를 예방하거나 탐지할 수 있는 체계적인 감시 시스템을 구축하지 못하면 내부자범죄의 위험성이 증가한다. 규제 당국의 감독이 느슨하거나 비효율적일 때, 범죄자들이 탐지를 피할 가능성이 커진다.

4) 정보 비대칭성

금융기관 내부자들은 고객이나 외부인에 비해 정보에 대한 접근성이 높다. 이러한 정보 비대칭성은 내부자가 자신의 이익을 위해 정보를 악용할 수 있는 기회를 제공한다. 내부자는 고객의 금융상황, 시장 동향 등의 민감한 정보를 이용해 불법적으로 이익을 취할 수 있다.

5) 기업 문화와 윤리 의식 부족

조직의 윤리적인 문화와 리더십이 부족할 경우, 내부자들은 부정 행위를 쉽게 저지를 수 있다. 특히 이윤을 극대화하는 데만 집중하고 규정과 윤리를 경시하는 기업 문화는 내부자범죄를 촉진할 수 있다. 잘못된 행위가 용인되는 조직 분위기 또한 이러한 범죄를 조장한다.

6) 보상 구조의 문제

금융기관의 보상 체계가 지나치게 성과 중심적이거나 단기적인 이익에만 치우칠 경우, 직원들이 위험을 감수하고 범죄를 저지를 가능성이 높아지며 과도한 성과 압박은 내부자범죄를 유발하는 주요 요인이 될 수 있다.

7) 기술적 허점

금융기관이 사용하는 IT 시스템이나 데이터 보호 체계에 허점이 있을 경우, 이를 악용한 자금 횡령, 내부 정보 유출 등의 범죄가 발생할 수 있다. 기술 보안의 부족은 내부자들이 범죄를 저지르기 쉽게 만든다.

이러한 요인들이 복합적으로 작용해 금융기관 내부자범죄가 발생하게 된다. 이를 예방하기 위해서는 강력한 내부 통제, 규제 강화, 윤리적인 기업 문화 형성 등이 필요하다.

5. 주요 사례

1) 국내 금융기관 내부자범죄 사례

몇 가지 주요 사례를 통해 대표적인 금융기관 내부자범죄 유형을 살펴볼 수 있다.

2018년~2024년 8월까지 국내 금융업권 금융사고 발생 현황

(단위: 건, 백만 원)

구분	2018		2019		2020		2021		2022		2023		2024.8월	
	건수	금액	건수	금액	건수	금액	건수	금액	건수	금액	건수	금액	건수	금액
횡령, 유용	41	5,737	30	10,447	33	2,299	28	15,962	34	83,203	26	64,466	24	14,090
업무상 배임	10	17,178	6	26,409	9	1,395	6	21,796	4	16,052	11	50,429	11	83,930
사기	32	63,229	21	5,232	26	23,547	21	30,993	16	25,972	20	20,428	16	32,989
도난, 피탈	0	0	2	302	2	119	2	186	2	173	0	0	6	64
기타	6	7,459	1	50	4	793	3	3,893	4	23,415	5	6,892	1	2,700
총계	89	93,603	60	42,440	74	28,153	60	72,830	60	148,815	62	142,217	58	133,653

자료: 강민국의원실

- A은행 횡령 사건(2019년)

A은행에서는 직원이 수년에 걸쳐 고객의 예금을 몰래 빼돌려 약 100억 원에 달하는 금액을 횡령한 사건이 발생했다. 이 사건에서 직원은 고객의 예금을 몰래 인출하거나 가짜 계좌를 이용해 자금을 조작했다. 내부 통제 부실과 검증 절차의 미비가 사건을 장기화시킨 원인으로 지적되었다.

- B은행 대출 비리 사건(2020년)

B은행의 한 직원이 대출 심사 과정에서 내부 정보를 악용하여 불법 대출을 승인해 주는 대가로 금품을 수수한 사건이다. 이 직원은 고객에게 대출이 승인될 수 있도록 특정 조건을 조작해 주고 그 대가로 수수료를 받았다. 대출 과정의 불투명성과 내부 감시 체계의 허점을 노린 범죄였다.

- C은행 직원 횡령 사건(2022년)

C은행에서는 직원이 2012년부터 2018년까지 6년 동안 은행에서 보관 중이던 금괴 250억 원 상당을 빼돌린 사건이 있었다. 해당 직원은 금고를 관리하는 직책을 맡고 있었으며, 이를 악용하여 금괴를 유출했다. 사건이 드러나기까지 오랜 시간이 걸린 이유는 내부 감시 체계의 미흡함과 기록 관리 부실 때문이었다.

- D은행 대출금 편취사건(2017년)

D은행에서는 한 내부자가 고객의 대출 신청 서류를 위조하여 거액의 대출을 승인한 후, 대출 자금을 자신과 관련된 계좌로 전송해 유용한 사건이 있었다. 이 사건은 직원의 권한 남용과 내부 통제 시스템의 부실로 인해 발생했으며, D은행 내부의 관리 미비가 지적되었다.

- E은행 임직원 배임 사건(2015년)

E은행의 한 임원이 대출을 빙자하여 허위 서류를 작성하고 이를 근거로 자금을 유용한 사건이다. 해당 임원은 특정 기업과의 거래를 통해 이익을 챙기는 등 배임 행위를 저질렀으며, 이로 인해 E은행은 막대한 금전적 피해를 입었다. 이 사건은 은행 내부에서 상호 견제와 감시가 제대로 이루어지지 않은 것이 주요 원인으로 지목되었다.

이와 같은 금융기관 내부자범죄는 대부분 내부 통제 시스템의 부실, 직원의 도덕적 해이, 감시 및 감독 체계의 미흡으로 인해 발생한다. 금융기관은 고객의 자산을 보호하고 신뢰를 유지하기 위해 내부자의 비리를 방지할 수 있는 철저한 내부 통제, 실시간 모니터링, 그리고 강력한 처벌 체계를 강화할 필요가 대두되었다.

2) 해외 금융기관 내부자범죄 사례

해외 금융기관 내부자범죄는 종종 큰 규모의 자금이 연루되고 국제적인 영향이 있어 더욱 주목받는 경우가 많다. 이러한 범죄는 금융기관의 신뢰를 크게 훼손시키며, 세계 금융시장에 상당한 영향을 미치기도 한다. 다음은 대표적인 해외 금융기관 내부자 범죄 사례들이다.

- JP모건 체이스 "London Whale" 사건(2012년)

JP모건 체이스의 영국 지사에서 근무하던 트레이더 브루노 익실이 초대형 파생상품 거래로 막대한 손실을 일으켰다.

내부의 부실한 감시 및 관리 체계가 주요 원인이었다. 거래 부서가 은행의 리스크 관리 지침을 무시하고 과도한 위험을 감수하며 거래를 진행했음에도 불구하고 감독이 제대로 이루어지지 않았다.

이 사건으로 인해 JP모건은 약 62억 달러(약 7조 원)에 달하는 막대한 금전적 손실을 입었을 뿐 아니라, 은행 내 리스크 관리 부실과 내부 통제 미비를 지적받는 등 회사의 명성에도 큰 타격을 받았다. 내부 통제 시스템이 강화되었고, 금융당국의 철저한 조사가 이루어졌다.

- 소시에테 제네랄(Jérôme Kerviel) 사건(2008년)

프랑스 대형 은행인 소시에테 제네랄의 트레이더였던 제롬 케르비엘은 은행의 리스크 관리 시스템을 회피하고 불법적으로 대규모 파생상품 거래를 진행하여 약 49억 유로(약 7조 3천억 원)에 달하는 손실을 일으켰다. 금융기관의 내부 통제 및 감시 체계가 허술하게 운영되었고, 트레이더가 시스템을 악용할 수 있는 환경이 조성되어 있어 가능한 범죄였다. 케르비엘은 허위 거래를 기록해 회사의 손실을 은폐하는 방식으로 범죄를 저질렀고, 결국 5년형을 선고받았다. 소시에테 제네랄은 내부 시스템을 대대적으로 개선하고, 은행의 신뢰 회복을 위해 강도 높은 개혁을 추진했다.

- 바클레이스(Barclays) LIBOR 금리 조작 사건(2012년)

바클레이스 은행은 2005년부터 2009년까지 일부 트레이더들이 LIBOR(런던 은행 간 금리)를 인위적으로 조작한 사건에 연루되었다. LIBOR는 글로벌 금융시장에서 대출과 파생상품의 기준 금리로 사용되기 때문에 이를 조작한 것은 전 세계 금융시장에 큰 충격을 주었다.

은행의 관리 감독 부재와 트레이더들의 윤리적 해이가 주요 원인이었다. 트레이더들이 자신들의 단기 수익을 극대화하기 위해 시스템을 악용했다. 결국 바클레이스 은행은 약 4억 5천만 달러(약 5천억 원)에 달하는 벌금을 부과받았고, 은행 임원들이 사임하는 등 큰 내부 개혁이 이루어졌다. 사건 이후 LIBOR 금리 산정 방식에 대한 국제적인 개선 노력이 이루어졌다.

- 웰스파고(Wells Fargo) 허위 계좌 사건(2016년)

미국의 대형 은행 웰스파고에서 수천 명의 직원들이 고객의 동의 없이 수백만 개의 허위 계좌를 개설하는 부정 행위를 저질렀다. 이들은 성과 목표를 달성하기 위해 고객 정보를 무단으로 사용해 가짜 계좌와 신용카드를 개설한 후 이를 통해 수수료를 챙겼다.

은행의 과도한 성과 압박과 부실한 내부 관리 체계가 범죄의 원인이었다. 고객에 대한 신뢰를 무시하고 성과를 중시하는 문화가 부정 행위를 부추긴 것이다. 웰스파고는 1억 8천 5백만 달러의 벌금을 부과받았고, 이후 CEO와 고위 임원들이 사임했다. 또한, 웰스파고는 내부 프로세스를 개선하고 고객 보호 시스템을 강화했다.

- 베어링스 은행(Barings Bank) 파산 사건(1995년)

영국 베어링스 은행의 직원 닉 리슨(Nick Leeson)이 싱가포르 지사에서 무리한 파생상품 거래로 약 12억 달러(약 1조 5천억 원)에 달하는 손실을 기록하게 되어 파산한 사건으로, 리슨은 허위 거래 내역을 입력하여 손실을 은폐했으며, 결국 은행의 파산을 초래했다.

은행 내 트레이더에 대한 감독 부재와 리스크 관리 시스템의 허점이 큰 원인이었다. 닉 리슨의 단독 결정과 리스크 관리 부서의 미비가 결합되어 대형 손실을 야기했다.

닉 리슨은 체포되어 6년형을 선고받았다. 232년 전통의 은행을 파산시킨 이 사건은 이후 금융기관의 리스크 관리 시스템 강화와 내부 통제의 중요성을 재조명하는 계기가 되었다.

해외 금융기관 내부자범죄는 금융기관의 내부 통제 시스템의 허점, 직원들의 윤리적 해이, 감독 부서의 부실한 관리가 주요 원인이다. 이러한 사건들은 금융기관의 명성에 큰 타격을 주며, 국제 금융 시스템 전반에 대한 신뢰를 저하시킬 수 있다. 금융기관들은 내부 통제를 강화하고, 직원들의 윤리 교육을 강화하며, 금융당국의 철저한 감독을 통해 이러한 범죄를 방지해야 한다.

3) 사례를 통해 본 내부자범죄의 특징과 문제점

내부자범죄는 주로 금융기관의 통제 부재와 책임 회피 문화에서 발생하며, 조직 내의 투명성과 관리 체계 부족이 중요한 문제점으로 지적된다.

내부자범죄는 금융기관 내부 직원들이 범죄 행위를 저지르는 것으로, 특히 은행이나 대형 금융기관에서 발생하는 경우 경제적으로 큰 파급효과를 미친다.

- 내부 통제의 부재 및 감시 시스템의 미비

• 특징: 금융기관의 내부자 범죄는 대부분 내부 감시 체계의 미비로 인해 발생한다. JP모건 체이스 "London Whale" 사건이나 베어링스 은행 파산 사건에서는 리스크 관리 부서와 내부 감사 시스템이 무기력하게 작동하여 대규모 손실을 초래했다. 특히 트레이더가 고위험 거래를 장기간 은폐할 수 있었던 것은 금융기관 내 감시 시스템의 부재나 허점 때문이다.

• 문제점: 금융기관의 내부 통제가 약할 경우, 직원들이 범죄를 저지르고도 쉽게 감시를 피할 수 있다. 내부 감시가 부족하거나 느슨하면 범죄는 장기화되고, 그 규모는 급격히 커질 수 있다.

- 성과 중심의 압박과 비윤리적 행동

• 특징: 금융기관 내부자 범죄는 종종 직원들이 과도한 성과 압박을 받는 환경에서 발생한다. 웰스파고 허위 계좌 사건은 직원들이 성과 목표를 달성하기 위해 고객 동의 없이 허위 계좌를 개설하는 부정 행위를 저질렀다. 이러한 압박은 윤리적 해이를 초래하고, 개인적 이익을 위해 비윤리적인 행동을 선택하게 만든다.

• 문제점: 성과 중심의 기업 문화는 직원들이 목표를 달성하기 위해

비윤리적이거나 불법적인 수단을 사용하는 것을 부추긴다. 이는 기업의 명성뿐만 아니라 금융시장에 대한 신뢰를 심각하게 훼손할 수 있다.

- **허위 보고 및 거래 은폐**
  - 특징: 내부자범죄의 중요한 특징 중 하나는 범죄 행위가 오랜 시간 동안 외부에 노출되지 않도록 거짓 보고와 은폐가 이루어진다는 점이다. 소시에테 제네랄 제롬 케르비엘 사건에서는 트레이더가 허위 거래를 기록하고 회사의 손실을 은폐해 장기간 범죄가 지속되었다. 이는 대형 금융기관이 감독 부실로 인해 내부자들이 거짓 정보를 바탕으로 리스크를 무시한 거래를 지속할 수 있다는 문제를 보여 주었다.
  - 문제점: 허위 보고는 기관의 신뢰성과 투명성을 떨어뜨리고, 금융시장에 큰 혼란을 야기할 수 있다. 이는 신속한 대응을 어렵게 만들어 피해를 더욱 키울 수 있다.

- **기술 악용과 정보의 비대칭성**
  - 특징: 내부자범죄는 직원들이 금융 시스템 내에서 중요한 정보를 독점적으로 활용하여 발생한다. 내부 직원들은 금융 시스템의 취약점을 잘 알고 있으며, 이를 악용해 손쉽게 범죄를 저지른다. 바클레이스 LIBOR 조작 사건은 정보의 비대칭성이 어떻게 금융시장을 왜곡하고 투명성을 저해하는지를 잘 보여 주었다.
  - 문제점: 정보 비대칭성은 금융기관 내부자가 자신의 이익을 위해 금융시장을 조작할 수 있는 환경을 제공한다. 정보가 균형 있게 제공되지 않으면, 외부 투자자나 고객은 큰 손실을 입을 수 있다.

- **대규모 금전적 손실과 신뢰 훼손**
  - 특징: 내부자범죄는 대규모 금전적 손실을 초래하며, 금융기관의

신뢰를 크게 훼손시킨다. 베어링스 은행 사건과 JP모건 체이스 사건에서 발생한 손실은 각각 수십억 달러에 달하며, 금융기관의 파산 또는 구조조정으로 이어졌다. 이러한 사건은 금융시장 전반에 대한 신뢰를 무너뜨리고, 기관 투자자와 고객들에게 큰 피해를 준다.

- 문제점: 대규모 손실은 단순히 한 기관의 문제로 그치지 않고, 금융 시장 전반에 악영향을 미칠 수 있다. 특히 은행의 파산은 고객 자산 보호에도 심각한 문제를 초래할 수 있다.

- 국제적 규제 강화 요구

- 특징: 내부자 범죄 사건들이 발생할 때마다, 국제적으로 금융규제와 감독 강화에 대한 요구가 커졌다. LIBOR 조작 사건 이후, 국제 금융규제 기관들은 LIBOR 금리 산정 방식의 개혁을 추진했다. 또한, 소시에테 제네랄 사건은 전 세계적으로 파생상품 거래에 대한 규제와 감독이 강화되는 계기가 되었다.

- 문제점: 금융기관이 국제적인 범위에서 활동하기 때문에 한 국가의 규제만으로는 이러한 범죄를 방지하기 어렵다. 국경을 초월한 범죄에 대한 통제력 부족은 범죄가 발생한 국가 외에도 글로벌 금융시장에 부정적인 영향을 줄 수 있다.

사례들을 통해 본 금융기관 내부자범죄는 감시 및 관리 시스템의 부재, 성과 중심의 압박, 허위 보고, 정보 비대칭성 등 여러 요인이 결합하여 발생한다. 이러한 범죄는 금융시장의 신뢰를 크게 훼손하고, 대규모 손실을 초래할 수 있다. 따라서 금융기관은 내부 통제를 강화하고, 투명성을 높이며, 성과 목표와 윤리적 기준을 균형 있게 설정할 필요가 있다. 또한, 국제적 규제와 협력 체계를 강화하여 글로벌 금융시장에서의 내부자범죄 발생을 방지해야 할 것이다.

6. 금융기관 내부자범죄의 영향

금융기관 내부자범죄는 금융 시스템 전체에 중대한 영향을 미치며, 경제적 손실과 신뢰도 저하를 초래한다.

1) 금융기관의 금전적 손실

내부자범죄는 대규모 금전적 손실을 초래할 수 있다. 금융기관 직원이 허위 거래를 하거나 부정한 방식으로 자산을 유용하면, 그 피해 금액은 수십억 달러에 달할 수 있다.

> • **베어링스 은행 파산 사건:** 내부 트레이더의 과도한 거래로 인해 14억 달러 이상의 손실을 입고 은행이 파산한 사례이다.
> • **소시에테 제네랄:** 내부 트레이더의 허위 거래로 71억 달러의 손실을 초래한 사건이다.

이러한 금전적 손실은 해당 기관뿐만 아니라 관련된 여러 금융 거래자들에게도 피해를 미칠 수 있다. 또한 은행의 파산이나 재정 위기가 발생하면 투자자와 고객이 자산을 보호받지 못하는 경우도 발생한다.

2) 금융기관의 평판 손상

내부자 범죄는 금융기관의 평판을 심각하게 훼손한다. 금융기관의 신뢰는 고객과 투자자들에게 매우 중요한 요소이므로, 범죄 사건이 드러나면 금융기관에 대한 신뢰가 크게 떨어진다.

> • **웰스파고 허위 계좌 사건:** 직원들이 허위 계좌를 개설한 사건으로 웰스파고 는 소비자 신뢰도에 큰 타격을 입었고, 규제 당국으로부터 엄중한 처벌을 받 았다.

평판이 손상된 금융기관은 고객 이탈, 투자 감소 등 장기적인 경영에 부정적인 영향을 받게 된다.

3) 시장 신뢰도 저하

금융기관 내부자범죄는 해당 금융기관뿐만 아니라 금융 시스템 전체 의 신뢰도에 부정적인 영향을 미친다. 금융기관은 경제의 중추적인 역할 을 수행하기 때문에 내부자범죄가 드러나면 그 여파가 시장 전반으로 퍼 질 수 있다.

> • **LIBOR 금리 조작 사건:** 여러 글로벌 은행이 LIBOR 금리를 조작해 이익을 취한 사건은 국제 금융 시스템의 투명성과 신뢰성을 크게 훼손했다. 이로 인 해 금융시장의 불안정성이 증가하고, 규제 강화로 이어졌다.

이와 같은 사건들은 전 세계 투자자들과 금융기관 간의 신뢰를 약화 시키며, 경제 전반에 악영향을 미칠 수 있다.

4) 규제 강화와 운영 비용 증가

내부자범죄가 발생하면, 규제 당국은 해당 범죄를 예방하기 위해 규제 를 강화하고 금융기관에 대한 감독을 더욱 엄격하게 진행하게 된다. 이러 한 규제 강화는 금융기관의 운영 비용을 증가시키는 주요 요인이 된다.

새로운 규제는 내부 통제 시스템을 구축하거나 보완해야 하므로, 금융기관은 추가적인 비용을 부담해야 한다. 이러한 비용 증가는 운영의 효율성을 저하시킬 수 있으며, 금융기관의 장기적인 수익성에 악영향을 미친다

5) 소송 및 법적 분쟁

내부자범죄가 발생하면 해당 금융기관은 법적 소송과 분쟁에 휘말리게 된다. 고객, 투자자 또는 규제 당국으로부터 제기된 소송은 대규모 벌금과 배상금을 요구할 수 있으며, 장기적인 법적 분쟁으로 이어질 수 있다.

> • JP모건 체이스"London Whale" 사건: 대규모 손실로 인해 여러 법적 분쟁과 소송이 발생했으며, 은행은 엄청난 벌금을 지불해야 했다.

법적 분쟁과 관련된 비용은 금융기관의 재정 상태를 악화시키며, 소송이 장기화되면 경영진의 업무에도 부정적인 영향을 미친다.

6) 고객 및 투자자 피해

내부자 범죄는 금융기관의 고객과 투자자에게도 큰 피해를 입힐 수 있다. 은행이 파산하거나 재정적으로 불안정해지면 고객의 예금이 위험에 처할 수 있고, 투자자들의 수익도 급격히 감소할 수 있다.

고객의 예치금이나 투자 자산이 보호받지 못하는 경우, 금융 시스템에 대한 신뢰는 더욱 낮아진다. 이러한 상황은 금융시장에 혼란을 초래할 수 있다.

7) 직원 사기 저하 및 내부 갈등

내부자범죄가 드러날 경우, 금융기관 내부에서도 직원들의 사기가 저하되고, 조직 내 신뢰가 떨어진다. 직원들은 범죄 행위에 대한 불안감을 느끼며, 기업 내부의 관리 체계에 대한 신뢰를 잃는다. 이는 조직 내 갈등을 유발하고, 내부 분위기를 악화시킬 수 있다.

8) 경제적 불안정성 증가

대형 금융기관에서 발생하는 내부자범죄는 경제 전반의 안정성에도 악영향을 미친다. 은행과 같은 주요 금융기관이 불법 행위를 통해 대규모 손실을 입으면 그 여파는 금융 시스템 전반으로 확산되어 경제적 불안정성을 초래할 수 있다.

글로벌 금융위기와 같은 대형 금융사건은 내부 통제 부실과 금융기관의 비윤리적 행위가 복합적으로 작용해 발생한 경우가 많다. 이러한 상황은 금융 시스템에 대한 규제와 감독을 강화해야 하는 필요성을 시사한다.

금융기관 내부자범죄는 금전적 손실뿐만 아니라 금융시장의 신뢰도 저하, 규제 강화, 고객 피해 등 다각적인 문제를 초래한다. 따라서 금융기관은 내부 통제 시스템을 강화하고, 내부 감시를 철저히 하며, 직원 교육과 윤리 의식을 고취시켜야 한다. 금융기관의 신뢰는 금융 시스템 전체의 안정성과 직결되므로, 내부자범죄 방지를 위한 노력이 필수적이다.

7. 내부자범죄 예방 및 대응 전략

금융기관 내부자범죄 예방 및 대응 전략은 금융기관의 신뢰성과 안정성을 유지하고, 고객 및 투자자 보호를 위해 매우 중요하다. 내부자범죄는 기관의 재정적 손실뿐만 아니라 신뢰도를 크게 훼손할 수 있으므로, 이를 예방하고 효과적으로 대응하기 위한 다양한 전략이 필요하다. 다음은 금융기관에서 고려할 수 있는 내부자범죄 예방 및 대응 전략이다.

1) 강력한 내부 통제 시스템 구축

- **명확한 규정과 절차**: 금융기관은 내부자범죄를 예방하기 위해 명확한 업무 규정과 절차를 마련해야 한다. 이를 통해 직원들이 직무를 수행하는 과정에서 명확한 경계를 설정하고, 부정 행위가 발생할 가능성을 최소화할 수 있다.
- **업무 분리 원칙(Separation of Duties)**: 중요한 업무에 대한 권한 분리를 철저히 해야 한다. 예를 들어 거래 승인, 자금 이체, 감사 등의 권한을 분리하여 한 명의 직원이 단독으로 중요한 결정을 내리지 못하도록 한다.
- **이중 승인 시스템**: 금융거래에 있어, 중요한 결제나 대규모 자금 이체에는 이중 승인을 요구하는 시스템을 도입하여 불법 거래를 예방할 수 있다.

2) 직원 교육 및 윤리 강화

- **윤리 교육 및 인식 제고**: 금융기관의 직원들이 법적, 윤리적 기준을 잘 이해하고 준수할 수 있도록 정기적인 윤리 교육을 실시해야 한다. 또한, 내부자범죄와 관련된 사례를 공유하여 경각심을 높여야 한다.

- **적극적인 윤리적 리더십**: 경영진이 윤리적 기준을 엄격히 따르고 이를 직원들에게 적극적으로 보여주는 것이 중요하다. 경영진의 리더십은 조직 문화에 중요한 영향을 미친다.
- **범죄 예방을 위한 내부 커뮤니케이션 채널**: 직원들이 의심스러운 활동이나 비윤리적인 행동을 보고할 수 있는 익명 채널을 마련하여 범죄를 조기에 차단할 수 있다.

3) 정기적인 감사 및 점검

- **내부 감사 시스템 강화**: 금융기관은 정기적으로 내부 감사를 실시하여 모든 부서의 활동과 금융거래를 점검해야 한다. 감사를 통해 불법적인 거래나 부정 행위를 조기에 식별할 수 있다.
- **외부 감사 및 규제 당국의 감사**: 외부 감사 및 규제 당국의 감사는 내부적으로 발생할 수 있는 부정 행위를 예방하는 데 중요한 역할을 한다. 외부 감사를 통해 내부 통제 시스템의 미비점이나 취약점을 발견할 수 있다.
- **고객 및 거래 내역 모니터링**: 고객의 거래 내역을 분석하고, 이상 거래가 발견될 경우 이를 즉시 대응할 수 있는 시스템을 마련해야 한다.

4) 직원 관리 및 면밀한 배경 조사

- **신원 및 배경 조사**: 신규 직원 채용 시에는 신원 확인과 범죄 기록, 경력 등을 철저히 조사하여 부적합한 인재가 들어오지 않도록 해야 한다. 특히 금융 분야에서 경력이 부족한 인물이 고위직에 오르는 경우 주의해야 한다.
- **주기적인 직원 평가 및 리스크 분석**: 기존 직원에 대해서도 주기적인 성과 평가 및 리스크 분석을 통해 내부에서 발생할 수 있는 문

제를 사전에 감지할 수 있다.

- **퇴직 시 관리 강화**: 직원 퇴직 시에는 퇴직자의 시스템 접근 권한을 즉시 종료하고, 퇴직 전후의 모든 활동을 점검하는 절차를 마련해야 한다.

5) 정보 보안 강화

- **데이터 접근 제한**: 금융기관 내 중요한 금융 데이터 및 시스템에 대한 접근 권한을 엄격하게 제한하고, 최소한의 인원만 접근할 수 있도록 한다. 시스템 로그를 모니터링하여 의심스러운 활동을 즉시 발견할 수 있도록 해야 한다.
- **보안 소프트웨어 및 시스템 구축**: 최신 보안 소프트웨어와 시스템을 도입하여 해킹이나 외부 공격에 대비하고, 내부자가 시스템을 악용하지 않도록 감시할 수 있어야 한다.
- **암호화 및 인증**: 모든 금융거래 및 중요한 데이터를 암호화하고, 보안 인증 절차를 강화하여 외부와의 정보 유출 및 내부범죄를 예방할 수 있다.

6) 실시간 모니터링 및 경고 시스템

- **이상 거래 탐지 시스템**: 실시간으로 이상 거래를 감지하는 시스템을 도입하여 금융기관 내에서 발생하는 비정상적인 거래를 즉시 추적하고 경고할 수 있어야 한다. AI 및 머신러닝 기술을 활용하여 거래 패턴을 분석하고, 이상 거래를 빠르게 감지할 수 있다.
- **자동화된 경고 시스템**: 특정 금액 이상의 거래나 패턴을 자동으로 경고하는 시스템을 구축하여, 문제가 발생했을 때 즉각적으로 대응할 수 있다.

7) 법적 대응 및 외부 감사

• **법적 처벌 강화:** 금융기관은 내부자범죄가 발생할 경우, 범죄 행위에 대한 법적 처벌을 강화하여 경각심을 높여야 한다. 범죄에 대한 엄중한 처벌은 범죄 예방에 효과적이다.

• **외부 감사기관과 협력:** 금융기관은 외부 감사기관과 협력하여 내부자범죄를 예방하고, 문제가 발생했을 때 외부 전문가의 도움을 받을 수 있어야 한다.

8) 신고 및 제보 시스템 활성화

• **내부 고발자 보호 프로그램:** 직원들이 내부자범죄나 비윤리적인 행동을 안전하게 신고할 수 있도록 내부 고발자 보호 시스템을 활성화해야 한다. 이 시스템은 신고자에게 보상을 제공하거나 보호 조치를 취하는 등의 조치를 통해 신고를 장려할 수 있다.

• **익명 제보 채널 제공:** 내부 고발자가 안전하게 범죄를 신고할 수 있도록 익명 제보 채널을 제공하여 범죄를 미연에 방지할 수 있다.

금융기관 내부자범죄 예방 및 대응 전략은 조직의 신뢰성과 안정성을 유지하는 데 중요한 역할을 한다. 이를 위해서는 강력한 내부 통제 시스템, 윤리적 리더십, 정기적인 감사와 점검, 직원 관리 강화, 보안 시스템 구축 등 다양한 전략을 동시에 추진해야 한다. 또한, 신속하고 효과적인 대응 체계를 마련하여 범죄 발생 시 피해를 최소화하고, 조직의 평판을 보호하는 것이 중요하다.

맺음말

    금융기관에서 30여 년을 Fraud Risk Manager로 근무하며 금융범죄만 연구하였다. 신용카드범죄를 시작으로 유사수신, 보이스피싱, 보험범죄, 가상자산범죄, 자금세탁 등을 연구했고 금융범죄 피해자의 모습을 보면서 항상 안타까운 현실을 마주할 수밖에 없었다.

    금융범죄는 오늘날 급변하는 금융환경 속에서 더욱 복잡하고 정교해지고 있다. 이번 서적을 통해 독자 여러분이 금융범죄의 본질을 깊이 이해하고, 실질적인 예방과 대응 전략을 마련할 수 있기를 바란다. 금융범죄에 대한 철저한 이해와 준비만이 개인과 기관을 안전하게 보호할 수 있는 방패가 될 것이다.

    이 책을 마무리하면서, 금융범죄는 단순한 법률적 문제를 넘어선 경제와 사회의 전반적인 신뢰를 위협하는 중대한 요소임을 다시 한번 강조하고 싶다. 금융기관, 전문가, 그리고 일반 대중 모두가 이 문제에 대한 경각심을 갖고 함께 대응해 나갈 때, 보다 투명하고 신뢰할 수 있는 금융 시스템을 구현할 수 있을 것이다.

    이 책이 금융범죄 예방과 대응에 대한 여러분의 지식과 인식을 넓히는 데 작은 도움이 되기를 바라며, 끝없는 학습과 실천으로 이 문제에 대한 해결책을 함께 모색해 나가기를 바란다.

    끝으로 이 서적을 집필하는 데 도움을 주신 윤창현 대표님, 김용판 의원님, 김성원 의원님, 최형두 의원님, 이인선 의원님, 김재섭 의원님, 최재경 회장님, 이재원 대표님, 김기범 사장님, 김상민 대표님, 김갑래 박사님, 구민우 대표님, 김준홍 대표님, 김태일 대표님, 박철영 전무님, 김성환 상무님, 고동원 교수님, 송근섭 교수님, 이상민 교수님, 염건령 교수님, 채상미 교수님, 김민균 교수님, 황세운 박사님, 이지은 변호사, 조재빈 변호사, 정재욱 변호사, 김단 변호사, 이신 변호사 등 여러분께 감사의 인사를 드린다.

약력

황석진

황석진 교수는 동국대학교 국제정보보호대학원에서 자금세탁방지 (AML) 전공 책임교수로 재직 중이며, 금융범죄, 자금세탁범죄, 가상자산범죄, 딥페이크 범죄 등을 연구하는 금융보안 전문가이다.

성균관대학교 법학전문대학원에서 상사법과 금융법 박사 학위를 취득하였고, 금융기관에서 Fraud Risk 전문가로서 30여 년을 근무하였다.

현재 한국자금세탁방지학회 운영위원장, 한국정보처리학회 상임부회장, 한국금융교육학회 이사, 사기방지연구회 부회장, 대한변호사협회 금융변호사회 고문직을 맡고 있으며, 경찰청 디지털포렌식자문위원, 해양경찰청 수사심의위원, 육군 발전자문위원, 국방부 조사본부자문위원, 디지털자산거래소 공동협의체(DAXA) 자문위원 등으로 활동하며 이용자 보호를 위한 자문 역할을 수행하고 있다.

주요 저서로는 『누가 내 카드를 썼나?』, 『디지털자산과 규제혁신』, 『도시의 미래』가 있다.

'08년 경찰청장 감사장, '11년 행정안전부 장관상, '12년 경찰청장 감사장, '13년 금융위원회 위원장 표창장, '14년 대한민국 사이버치안대상, '15년 금융감독원장 표창장, 경찰수사연수원 감사장, 서울지방경찰청장 감사장, '16년 kt그룹 MVP강사상, 경기남부경찰청장 감사장, '17년 경찰청장 감사장, 금융감독원장 표창장, '18년 IBK 기업은행 표창장, 경기남부경찰청장 감사장, '19년 행정안전부 장관 표창장, '20년 경찰대학 우수 강사상, 금융감독원 최우수강사, '21년 금융위원회 위원장 표창장 (자금세탁방지우수), 경찰청장 감사장, 인천세관장 표창장, '24년 국방부 조사본부 감사장

현대 금융범죄 해부

초판발행	2025년 5월 15일
지은이	황석진
펴낸이	안종만·안상준
편 집	박세연
기획/마케팅	정성혁
표지디자인	BEN STORY
제 작	고철민·김원표
펴낸곳	(주) **박영사**
	서울특별시 금천구 가산디지털2로 53, 210호(가산동, 한라시그마밸리)
	등록 1959.3.11. 제300-1959-1호(倫)
전 화	02)733-6771
f a x	02)736-4818
e-mail	pys@pybook.co.kr
homepage	www.pybook.co.kr
ISBN	979-11-303-2283-4 93350

정 가 17,000원